歯科医院の法務・税務と経営

一般社団法人 医業経営研鑽会 編
税理士・行政書士 西岡秀樹 著

日本法令

はじめに

2020年3月の日本の総人口は1億2,595万人ですが、2004年12月の1億2,784万人をピークに徐々に減っており、総務省による総人口の長期的推移によると2030年の総人口は1億1,522万人、2050年の総人口は9,515万人になると予想されています。

一方、歯科診療所（以下、本書においては歯科医院という）の数は、厚生労働省の医療施設動態調査によると、人口のピークだった2004年10月に66,557施設だったのに対し、2018年2月には68,761施設と、逆に2,204施設増えています。

人口は減っているのに歯科医院の数は増えているので、1歯科医院あたりの経営は厳しくなるのは当然です。実際に厚生労働省の医療経済実態調査を見ると、歯科医院の経営が厳しくなっていることがはっきりとわかります。

2007年の1歯科医院あたりの損益は年間13,812千円だったのに対し、2018年の1歯科医院あたりの損益は年間10,734千円と、11年間で3,078千円も下がっています。これは医療経済実態調査の統計の取り方が2007年と2018年で変わったことも関係している可能性もありますが、参考にはなると思います。

もうひとつ、医療経済実態調査で参考になることがあります。

それは歯科医院の自費率の上昇です。2007年は保険診療収益の割合は全体の84.3％だったのに対し、2018年は78.3％まで下がっており、自費率が上がっていることがわかります。

これは歯科医院の経営が厳しくなっていく中で、各歯科医院が利益率の高い自由診療を積極的に進めてきた結果だと思います。そして、この流れは今後も変わらないと思います。

今、歯科医院では様々な自由診療が行われています。インプラント、ワイヤーを使用した従来型の矯正治療、ホワイトニング等のほかに、美容歯科を始める歯科医院が増えています。

　さらに、口腔ケアの重要性が認識されるようになり、医科のクリニックと連携する歯科医院や、医科を併設する歯科医院、サプリメントなどの物販を行う歯科医院も増えてきました。しかし、中には医師法に違反する可能性がある美容歯科を行っている歯科医院、混合診療になる可能性がある自由診療を行っている歯科医院もあるようです。

　また、集患対策としてウェブサイトを立ち上げる歯科医院も増えてきました。

　特に、自由診療をしている歯科医院は、ほぼすべてがウェブサイトを開設していると思われます。しかし、2018年から医療機関ネットパトロールというウェブサイトの監視強化策が実施されており、ウェブサイトに自由診療について掲載している多くの歯科医院は対応に苦慮していると思われます。

　このような歯科医院の現状に鑑み、歯科医院に関係する医療法務、医療制度、税務などを解説したうえで、歯科医院ができる新たな自由診療についても紹介するため、本書を企画しました。

　特に医療法務や医療制度については、インターネットなどに根拠のない都市伝説的な間違った噂話が多く出回っているので、正しい解釈を根拠となる法令や通知を示しながら解説しています。

　本書が厳しさを増す歯科医院を経営されている歯科医師の皆様のお役に少しでも立てれば幸いです。

令和2年11月　西岡秀樹

目　次

第 1 章　歯科医院に関する医療法務と制度

第 2 章　歯科医院に関する税務等

第 4 章　歯科医院における新たな取組み

第 1 章

歯科医院に関する
医療法務と制度

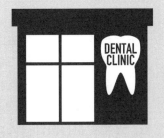

〔1〕 歯科医院は多くの行政機関とかかわりがある

歯科医院を経営するにあたり、かかわるであろう主な行政機関は下記のとおりです。

行政機関名	主なかかわり
保健所	診療所開設届、診療所開設許可申請、立入検査（医療監視）、管理者の変更等、医療機関の運営に関する事項
地方厚生局	保険医療機関指定申請、施設基準の届出、集団指導、個別指導等、保険診療に関する事項
都道府県または政令指定都市	医療法人設立認可申請、医療法人定款変更認可申請、決算届、役員変更届等、医療法人に関する事項
税務署、都税・県税事務所、市役所	税金に関する事項
ハローワーク（公共職業安定所）	雇用保険に関する事項や各種助成金の申請等
労働基準監督署	労災の手続き、労働関係に関する監督・調査・立入検査（臨検）等
年金事務所	社会保険の手続きや調査等

主な行政機関だけでも上記のようにたくさんあります。

このほかに行政機関ではありませんが、国民健康保険団体連合会、社会保険診療報酬支払基金、歯科医師会、歯科保険医協会等もかかわってきます。これだけ多くの機関とかかわりがあるので、とても歯科医師一人では対応するのが難しく、歯科医院を経

営されているほとんどの方は何かしらの士業やコンサルタント等と顧問契約を締結しています。

　そして顧問契約をする相手で最も多いのは、税理士です。筆者の経験では、税理士と顧問契約をしていない医療機関は1件しか知りません。ほかはすべて税理士と顧問契約をしています。

〔2〕 すべての税理士が医療業界に精通しているわけではない

　前述したように、ほとんどの歯科医院は税理士と顧問契約をしており、最も身近な相談相手は税理士だといって差し支えないと思います。

　そして税理士のことを信用・信頼している歯科医師は多いと思います。

　これは税理士が国家資格だということが大きいと思いますが、他にも多くの企業や医療機関を関与先に持っているので、経営に関する経験が豊富だと思っているかもしれません。そして最近は、「医療専門」「医業専門」「医療業界に強い」「歯科医院専門」とうたっている税理士が急増していることも大きな理由だと思います。

　しかし、はっきり言いますが、すべての税理士が医療業界に精通していると思うのは間違いです。「医療専門」や「歯科医院専門」等をうたう税理士が増えた理由はいくつかあると思いますが、一番大きな理由は、税理士業界の競争が厳しくなって、税理士という資格だけで顧問契約をとることが難しくなったからだと思います。

　税理士業界の競争が厳しくなっていく中で、少しでも顧問契約をとるために本当の得意分野かどうかにかかわらず、「専門性を高めて差別化を図る」「得意分野を絞った広報活動をしている」

税理士が多いと思われます。

　ちなみにこれは税理士に限ったことではなく、開業コンサルタントや経営コンサルタントと称する人達も同じです。

　税理士は、本来は税務と会計のプロです。医療業界のプロではありません。多くの税理士が「医療専門」や「歯科医院専門」等とうたっているのは、単に医療機関の関与先がいくつかあり医療機関の税務申告の数が多いだけで、医療法務や医療行政に精通しているわけではありません。前述した主な行政機関でいえば、「税務署、都税・県税事務所、市役所」だけに精通していると思ってください。

　本当にその税理士が医療業界に精通しているかどうかはウェブサイト等では判断が難しく、試してみないとわからないと思いますが、例えば医療業界全般に関する著書があるとか、医療業界全般に関する講演をしているかどうかは判断材料のひとつになると思います。もし著書はあっても税金に関するものばかりだったり、主に節税シミュレーションが中心の医療法人化に関する講演等ばかりしている場合は、医療機関に関する"税務・会計"に詳しい税理士だと思って差し支えないと思います。

　税務と会計に関する仕事だけを依頼するのであれば、上記のような税理士でも全く問題ありませんが、もし歯科医院の経営全般について相談したいのであれば、顧問を依頼する税理士は慎重に選ぶことをお勧めします。

〔3〕 根拠のない都市伝説的な噂話を信じない

　医療業界には本当に間違った定説や、根拠のない都市伝説的な噂話が多いです。特にインターネットの記事が酷いですが、書籍等にもこれらの傾向は見られます。

　例えば、私は以前から医療法人であってもサプリメント等の物

販は可能と主張してきました。さらにサプリメントだけでなくコンタクトレンズの販売も許可を取れば可能だと主張してきました。

　これに対し、ほぼすべてのインターネットや書籍には、「物販は非営利に反するからダメ」とか、「医療法人は業務が制限されているのでダメ」と書かれていました。これらは非営利の意味や医療法人の業務範囲について完全に誤認していますが、本書では誌面の都合から正しい非営利の解釈や医療法人の業務範囲についての説明は省きます。この問題は2014年の厚生労働省の「医療機関におけるコンタクトレンズ等の医療機器やサプリメント等の食品の販売について」という通知で結論が出ました。

　上記の通知には、「医療機関においてコンタクトレンズ等の医療機器やサプリメント等の食品の販売を行うことは、当該販売が、患者のために、療養の向上を目的として行われるものである限り、以前から可能ですので、適切に取扱われますよう、お願いいたします。」（アンダーラインは筆者）と書かれており、私の主張どおりです。

　この通知以後、インターネットや書籍での記事も変わりましたが、それまでダメとしていた人達の変わり様の早さには驚かされます。

　ほかにも、「カルテや日付を変えていれば混合診療にならない」「医療法人とメディカルサービス法人（以下、「MS法人」という）との役員兼務は絶対に認められない」「新規個別指導は必ずくる」「持分なし医療法人は解散時に国等に財産をもっていかれる」「診療所の管理者は常時いないとダメ」など間違った定説や根拠のない都市伝説的な噂話は本当に多いのでご注意ください。

〔4〕行政の指導が必ず正しいとは限らない

　行政の指導に疑いを持つ歯科医師は少ないと思いますが、都道府県や保健所等が医療機関に対して行う指導は間違っていることが往々にしてあります。

　まず、行政による指導は行政手続法という法律で手続きなどがきちんと定められています。

　この行政手続法は都道府県や保健所だけでなく、税務署、地方厚生局、法務局、労働基準監督署など、すべての行政機関について適用されます。

　例えば、税務署から送られてくるお尋ね文書には、「この文書による行政指導の責任者は、表記の税務署長です」というように行政指導の責任者が必ず記載されています。これは行政手続法で、行政指導の趣旨および内容ならびに責任者を明確に示さなければならないと定められているからです。

　税務署は行政手続法に沿った手続きをすることが多いですが、残念ながら医療機関に対する指導では行政手続法はあまり守られていません。

　例えば、保健所の指導なのに「従わないと保険医療機関の指定を取り消す」と脅してきたり、「この指導を受け入れないと開設許可を出さない」と強要してきたりするのは日常茶飯事です。保険医療機関の指定取消は、保健所ではなく地方厚生局に権限がありますし、行政手続法では「当該行政指導に従う意思がない旨を表明したにもかかわらず当該行政指導を継続すること等により当該申請者の権利の行使を妨げるようなことをしてはならない」と定められており、「この指導を受け入れないと開設許可を出さない」というのは明らかに行政手続法違反です。

　地方厚生局による個別指導において「自主返還に応じないなら保険医療機関の指定取消をする！」と脅してくるのも、行政手続

法に定められている「権限を行使し得る旨を殊更に示すことにより相手方に当該行政指導に従うことを余儀なくさせる」ことの典型例です。

　また、都道府県や保健所等が医療機関に対して行う指導は、行政手続法以前の問題であることが多いです。それは前例主義や役人の根拠のない思い込みによる指導です。

　医療法はここ最近、毎年改正されており、それに合わせて通知も頻繁に改正されていますが、行政機関は基本的に前例主義なので、法令や通知の改正を知らないことが本当に多いです。役人の根拠のない思い込みによる指導は特に保健所に多く見られます。

　例えば、「歯科医院の受付と診察室の間に壁を設置しろ」と指導されたことがあります。カルテの受け渡し等職員が頻繁に行き来しますし、壁の設置について書かれた法令や通知はないことをいくら説明しても「認めない」の一点張りでした。ほかにも、「カルテ棚についてはできれば鍵付きの棚が望ましい」ではなく、「絶対に鍵付きでないと認めない」と指導されたこともあります。これも完全に役人の思い込みであり、根拠となる法令や通知などありません。

　このように医療機関に対する指導は間違っていることが往々にしてあるのでご注意ください。

Ⅱ　歯科医院の開設

〔1〕 歯科医院の開設方法

　歯科医院に関係する医療法務・制度とは少し関係ない話かもしれませんが、最近分院を出す歯科医院が多いので、歯科医院の開設方法についても解説しておきます。

　ちなみに分院展開するのは、美容系クリニックと歯科医院に多く見られます。グループ化が進んでいると言っても差し支えないと思います。

　また、歯科医院で分院展開をするところは自費率が高いところが多いようです。

◆歯科医院の開設方法

```
① 歯科医師個人で開設
② 医療法人で開設
③ 一般社団法人等の非営利法人で開設
④ 名義貸しで開設
```

　上記で最も問題なのは、「名義貸し」です。

　しかし、分院を名義貸しで開設するケースはかなり多いようです。

　名義貸しで開設した歯科医院に、どうして名義貸しで開設したのか理由を聞くと、そのほとんどは「税理士に大丈夫だと言われた」と回答してきます。大丈夫と言う税理士は、所得税法は実質所得者課税の原則があるので実質的な経営者が所得税の申告をす

れば良いという考えなのかもしれません。

　実際に、名義を貸した歯科医師（以下、「雇われ院長」という）ではなく、実質的な経営者である歯科医師の名前で確定申告をしていたケースを見たことがあります。

　しかし、たとえ所得税法で問題がなくても、医療法では名義貸しは大問題です。厚生労働省は、「医療機関の開設者の確認及び非営利性の確認について」という通知で名義貸しを禁止しています。

◆「医療機関の開設者の確認及び非営利性の確認について」より一部抜粋（アンダーラインは筆者）

> 　医療法第七条及び第八条の規定に基づく<u>医療機関の開設手続きについては、特に、開設者が実質的に医療機関の運営の責任主体たり得ること及び営利を目的とするものでないことを十分確認する必要があり</u>、これまでも昭和六二年六月二六日総第二六号指第二〇号健康政策局総務課長・指導課長連名通知（以下「昭和六二年通知」という。）により、<u>ご配意いただいているところであるが</u>、今般、医療法に基づく病院の開設・経営に当たって、<u>開設者が実質的に病院の開設・経営の責任主体でなくなっていたにもかかわらず病院の廃止届を提出せず、当該病院が開設者以外の者により開設・経営されていたという事例が明らかになった。</u>
>
> 　これは医療法の根幹に関わることであり、<u>これらの事態は、開設許可時においても十分な審査と適切な指導を行うことにより、未然に防止できる事例も少なくないと考えられるので</u>、今後かかることのないよう、<u>開設許可時の審査に当たって、開設申請者が実質的に開設・経営等の責任主体たり得ないおそれがある場合及び非営利性につき疑義が生じた場合の確認事項、ま</u>

たは、開設後に開設・経営等につき同様の疑義が生じ、特別な検査を必要とする場合の検査内容を、左記のとおり定めたので、開設許可の審査及び開設後の医療機関に対する検査にあたり十分留意の上厳正に対処されたい。

　また、同じく厚生労働省が出した「令和元年度の医療法第25条第1項の規定に基づく立入検査の実施について」という通知には下記のように書かれています。

◆「令和元年度の医療法第25条第1項の規定に基づく立入検査の実施について」より一部抜粋（アンダーラインは筆者）

> カ．住民等から提供された情報に対する対応について
> 　住民、患者等からの医療機関に関する苦情、相談等については、医学的知見に関して診療に関する学識経験者の団体等に相談し、速やかに事実確認を行うなど適切に対応する。また、医師、歯科医師が行う医療の内容に係る苦情等について、過剰診療や名義貸しなどが疑われる場合には、必要に応じ、厚生労働省による技術的助言を得た上で、保険・精神・福祉担当部局等の関係部局との連携を図り厳正に対処する。

〔2〕名義貸しで起こり得る問題

　医療法違反以外にも、名義貸しだと次のような問題が発生する可能性が高いです。

① 歯科医院を乗っ取られる

　名義貸しの場合、保健所や地方厚生局等への届出はすべて雇われ院長の名義になっています。また、建物の賃貸借契約

の名義も雇われ院長になっているときもあります。

　つまり、法的にはもともと雇われ院長が開設者であり、雇われ院長がその気になれば簡単に歯科医院を乗っ取ることが可能です。実質的な経営者と雇われ院長の間で名義貸しに関する念書等を交わしていても、そもそも名義貸し自体が公序良俗に反しており法的には無効です。

② 雇われ院長や職員から通報をネタに昇給等を要求される

　これは乗っ取り以上によくある事例です。行政機関に名義貸しであることを通報されると医療法違反で逮捕される可能性があるので、実質的な経営者はとても困ります。名義を貸した雇われ院長は、自身にも歯科医師免許停止などの処分があるのであまり露骨に要求してきませんが、職員は昇給、ボーナス増額、退職金上乗せなどを露骨に要求してくることがあります。

　これは名義貸しに限りません。無診察処方、保険診療の不正請求、脱税等も同様なので、職員に弱みを握られるような違法行為は厳に慎むべきです。

③ 医療法人化するときに確定申告書を提出できない

　歯科医師個人で開設している歯科医院を医療法人化するときに、都道府県から確定申告書の提出を求められることがありますが、名義貸しの場合は確定申告そのものをしていなかったり、確定申告をしていても都道府県に見せられる内容でない場合が多いです。

　そのため、確定申告書を提出できないことがネックとなり、医療法人化を断念している歯科医院があります。実際に筆者も何度かこのような案件の相談を受けたことがあります。

④ 開設者が替わる度に廃止届・開設届を提出しなければな
らない

　名義貸しで分院を開設している場合、雇われ院長が替わる
度に診療所廃止届と診療所開設届を提出しなければなりませ
ん。これが年に何度もあると保健所は当然名義貸しを疑っ
て説明を求めてきます。

〔3〕 歯科医師個人による開設のメリット・デメリット

　ここでいう歯科医師個人とは、名義貸しではありません。実質
的な経営者である歯科医師による開設のことです。

① メリット

　個人開設の場合のメリットは、
　・手間や時間がかからない
　・開設後の届出等の手続きがほとんどない
などがあげられます。
　個人開設は届出制なので、事前の許認可申請や登記は不要
です。そのため比較的短期間で開設が可能ですし、開設の手
続きを行政書士等の他者に依頼した場合の手数料も医療法人
に比べると格段に安くなります。
　また、医療法人と違い税務申告以外は毎年定期的に提出す
る届出等がありません。届出等がないということは行政の指
導も受けづらいということを意味します。

② デメリット

　デメリットは、
　・分院が開設できない

　　・税金が多くなりがち

　　・相続税対策が取りづらい

などがあげられます。

　医療法は原則として同一人物が複数の医療機関の管理者になること（いわゆる２カ所管理）を認めていません。また、歯科医院の開設者が歯科医師であるときは、原則として自らその歯科医院の管理者になることも定めています。

　つまり、歯科医師個人が開設している歯科医院は名義貸し以外の方法で分院を開設することはできません。しかし、前述したように名義貸しで分院を開設すべきではありません。

　次に税金ですが、所得税は所得が多ければ多いほど税率が高くなる累進税率となっています。そして所得金額が4,000万円を超えると、所得税率は45％になります（2020年4月現在。復興特別所得税を除く）。

　これに対し医療法人に対する法人税は800万円以下の所得は15％、800万円超の所得は23.2％です（2020年4月現在）。税率の差だけでも医療法人のほうが有利であると理解できると思います。

〔4〕 医療法人による開設のメリット・デメリット

① メリット

　医療法人で歯科医院を開設するメリットは、

　　・確実に開設できる

　　・分院展開ができる

　　・個人開設に比べて節税になることが多い

　　・持分のある経過措置型医療法人の場合は相続税対策が取りやすい

　　　・持分のない基金拠出型医療法人の場合は基金を除き相続
　　　　税が課されない
などがあげられます。
　　医療法人は都道府県に対する設立認可申請と保健所に対す
る開設許可申請が必要ですが、これらの手続きをきちんと行
えば確実に歯科医院を開設できます。
　　分院展開についても都道府県に対する定款変更認可申請と
保健所に対する開設許可申請が必要ですが、これらの手続き
をきちんと行えば分院を開設できます。
　　税金については前述したとおり税率が違いますし、そもそ
も医療法人のほうが個人開設に比べて経費にできるものが多
くなります。
　　節税や相続税については**第2章**で解説します。

② デメリット

　　デメリットは、
　　　・都道府県に対する設立認可申請、法務局への設立登記、
　　　　保健所に対する開設許可申請が必要であり歯科医院開設
　　　　まで手間と時間がかかる
　　　・設立後も毎年都道府県に対する届出等の手続きや法務局
　　　　への変更登記が必要になる
　　　・都道府県の指導監督下にあるので指導を受けやすい
　　　・定款の変更には事前に都道府県の認可が必要となる
　　などがあげられます。
　　手続きが煩雑ということは、手続きを行政書士等の他者に
依頼した場合の手数料も個人開設に比べて格段に高くなると
いうことです。

〔5〕一般社団法人等の非営利法人で開設

　この方法は知らない方が多いと思いますが、歯科医師会が休日
応急診療所等を開設しているのはご存じだと思います。歯科医師
会は一般社団法人等の非営利法人です。

　厚生労働省は「医療法人以外の法人による医療機関の開設者の
非営利性の確認について」という通知を出しています。

◆「医療法人以外の法人による医療機関の開設者の非営利性の確認につ
　いて」より一部抜粋（アンダーラインは筆者）

医療法人以外の法人による医療機関の開設者の非営利性の確認
について

（平成 19 年 3 月 30 日）

（医政総発第 0330002 号）

（各都道府県医政主管部（局）長あて厚生労働省医政局総務課
長通知）

　医療法第七条及び第八条の規定に基づく医療機関の開設手続
きに際しての確認事項については、これまでも平成五年二月三
日総第五号・指第九号健康政策局総務課長・指導課長連名通知
（以下「平成五年通知」という。）により、ご配意いただいてい
るところであるが、今般、良質な医療を提供する体制の確立を
図るための医療法等の一部を改正する法律（平成十八年法律第
八十四号。以下「改正法」という。）において、医療法人の解
散時の残余財産は個人に帰属しないこととする等の規定を整備
し、医療法人の非営利性に関する規律の明確化を図ったところ
である。

　　改正法の趣旨に鑑みれば、医療法人以外の法人についても非営利性の徹底を図ることが必要であることから、今般、医療法人以外の法人が解散した時の残余財産の取扱いについて、医療機関を開設する際に留意すべき点を定めたので、当該法人の開設許可の審査及び開設後の医療機関に対する検査にあたり十分留意の上厳正に対処されたい。

　　なお、その他の事項については、引き続き平成五年通知に基づいて審査及び指導願いたいが、近年、特定非営利活動法人や、今般の公益法人制度改革による一般社団法人・一般財団法人など、従来の法人と比べて簡易な手続きで法人を設立できる仕組みが整備されてきていることから、平成五年通知に定める「医療機関の開設者に関する確認事項」については、従来以上に慎重に確認の上、対処されたい。

　　併せて、本通知の旨を各都道府県内関係部局に周知願いたい。

① メリット

　　非営利法人で歯科医院を開設するメリットは、
　　・非医師でも代表理事になれる
　　・医療法人に比べ迅速に設立ができる
　　・個人開設に比べて節税になることが多い
　　・相続税が課されない（ただし、一般社団法人で親族が支配している場合は一般社団法人を個人とみなして相続税が課税される）
　　・医療法人と違い都道府県の指導監督下にないので原則として指導を受けない
　　・医療法人と違い定期的な届出や登記は必要ない
　　などがあげられます。

　非営利法人といっても社会福祉法人、特定非営利活動法人などいろいろありますが、本稿ではもっとも簡単な一般社団法人で説明します。

　まず、一般社団法人には定款の違いにより「営利型」と「非営利型」に分けられます。このうち歯科医院を開設できる可能性があるのは、非営利型のみです。非営利型の一般社団法人でも設立は医療法人と違い都道府県の認可は不要なので、株式会社の設立と同じ手間と時間で設立が可能です。

　歯科医院の開設には保健所に開設許可申請をしなければなりませんが、都道府県の認可は不要なので、都道府県の指導は受けません。これが一般社団法人で開設する最大のメリットかもしれません。

② デメリット

　デメリットは、

・診療所の開設が許可されるかどうかは保健所によって異なるので必ず歯科医院が開設できるとは限らない

ことがあげられます。

　前述したように、厚生労働省の通知もあるので、保健所は本来は開設許可申請を拒否できませんが、医療法人で設立すべきと指導してくる保健所や、そもそも一般社団法人で歯科医院を開設できることを知らない保健所もあり、対応が異なっているのが現状です。

　一般社団法人で歯科医院を開設する場合は、医療法人ではなく一般社団法人で開設する理由や、非営利性を徹底していることをしっかり保健所に説明する必要があります。

Ⅲ 自由診療と混合診療

　自由診療を行う歯科医院は、混合診療に該当するかどうかについて悩むところが多いと思います。自由診療のみを行う歯科医院であれば混合診療を気にする必要はありませんが、多くの歯科医院は保険診療と併用して自由診療を行っているからです。

〔1〕混合診療の解釈

　混合診療は禁止されているとよく聞くと思いますが、実は明文化された規定はありません。一般的に混合診療禁止の根拠として、保険医療機関及び保険医療療養担当規則18条が該当するといわれています。

●保険医療機関及び保険医療療養担当規則18条

> 　保険医は、特殊な療法又は新しい療法等については、厚生労働大臣の定めるもののほか行つてはならない。

　これとは別の混合診療禁止の解釈もあります。

　日本の公的医療保険制度は、「現物給付制度」です。現物給付とは医療機関と保険者（政府等）が取り決めた価格（公定価格）に基づいて、医療機関に来院した患者を診療（診療という現物を給付）し、診療した代金である医療費は患者一部負担金を除き保険者に直接請求するシステムのことをいいます。

　つまり、患者一部負担金をもらうということは、保険者と取り決めた価格で診療するという契約が成立したことになります。で

すから一連の医療行為について、患者一部負担金を徴収したのに、さらに保険外負担として自費請求をすると、一つの医療行為に対して重複した請求をすることになるので混合診療は禁止という解釈です。

　混合診療に関する解釈をまとめると、「保険外併用療養費を除き、一連の医療行為のなかに保険診療と保険外診療を併用する混合診療は原則として認められていない。」となります。

〔2〕保険外併用療養費とは

　保険外併用療養費とは、厚生労働省が認めた混合診療に該当しない自由診療です。保険外併用療養費には次のようなものがあります。

評価療養

　先進医療（高度医療を含む）
　医薬品の治験に係る診療
　医療機器の治験に係る診療
　薬事法承認後で保険収載前の医薬品の使用
　薬事法承認後で保険収載前の医療機器の使用
　適応外の医薬品の使用
　適応外の医療機器の使用

選定療養

　特別の療養環境（差額ベッド）
　歯科の金合金等
　金属床総義歯
　予約診療
　時間外診療

大病院の初診

小児う触の指導管理

大病院の再診

180 日以上の入院

制限回数を超える医療行為

　歯科医院であれば前歯部への金合金などの使用、金属床総義歯、小児う触の指導管理が代表的な保険外併用療養費です。また、予約診療を徴収している歯科医院も多いと思います。

　最近はインターネット予約を導入するなど予約制にしている歯科医院がほとんどですが、ここでいう予約診療とは、予約料金を徴収して診療することです。予約料金を徴収しない予約制のことではありません。

　厚生労働省は予約診療について、次のように定めています。

◆「療担規則及び薬担規則並びに療担基準に基づき厚生労働大臣が定める掲示事項等」及び「保険外併用療養費に係る厚生労働大臣が定める医薬品等」の実施上の留意事項について」より抜粋

3　予約に基づく診察に関する事項

（1）予約診察による特別の料金の徴収に当たっては、それぞれの患者が予約した時刻に診療を適切に受けられるような体制が確保されていることが必要であり、予約時間から一定時間（30 分程度）以上患者を待たせた場合は、予約料の徴収は認められないものであること。

（2）予約料を徴収しない時間を各診療科ごとに少なくとも延べ外来診療時間の 2 割程度確保するものとする。なお、この時間帯の確保に当たっては、各診療科における各医師の同一診療時間帯に、予約患者とそうでない患者を混在させる

方法によっても差し支えないものとする。

(3) 予約患者でない患者についても、概ね2時間以上待たせることのないよう、適宜診察を行うものとすること。

(4) 予約患者については、予約診察として特別の料金を徴収するのにふさわしい診療時間（10分程度以上）の確保に努めるものとし、医師1人につき1日に診察する予約患者の数は概ね40人を限度とすること。

(5) 上記の趣旨を患者に適切に情報提供する観点から、当該事項について院内に患者にとってわかりやすく掲示するとともに、病院の受付窓口の区分、予約でない患者に対する受付窓口での説明、予約患者でない患者への番号札の配布等、各保険医療機関に応じた方法により、予約患者とそうでない患者のそれぞれについて、当該取扱いが理解されるよう配慮するものとすること。

(6) 予約料の徴収は、患者の自主的な選択に基づく予約診察についてのみ認められるものであり、病院側の一方的な都合による徴収は認められないものであること。

(7) 予約料の額は、社会的に見て妥当適切なものでなければならないこと。

(8) 特別の料金等の内容を定め又は変更しようとする場合は、別紙様式3により地方厚生（支）局長にその都度報告するものとすること。

(9) 専ら予約患者の診察に当たる医師がいても差し支えないものとすること。

　この予約診療ですが、初診のみに導入している歯科医院もあります。

　また、医科のクリニックでは漢方外来やリウマチ外来など特定の外来にだけ導入している場合もあります。予約診療以外の保険

外併用療養費に関する詳細な取扱いも、「「療担規則及び薬担規則並びに療担基準に基づき厚生労働大臣が定める掲示事項等」及び「保険外併用療養費に係る厚生労働大臣が定める医薬品等」の実施上の留意事項について」という通知に定められています。

〔3〕混合診療に該当しない自由診療

　保険外併用療養費以外にも混合診療に該当しない自由診療があります。厚生労働省が保険外負担と呼んでいるもので、「療養の給付と直接関係ないサービス等の取扱いについて」という通知で具体例をあげています。この通知は自由診療を行う歯科医院にとって、非常に重要です。なぜなら、一般的に自由診療とは厚生労働省のいう保険外負担のことを指すからです。この通知は下記のような書き出しになっています。

◆「療養の給付と直接関係ないサービス等の取扱いについて」より抜粋

　療養の給付と直接関係ないサービス等については、社会保険医療とは別に提供されるものであることから、もとより、その提供及び提供に係る費用の徴収については、関係法令を遵守した上で、保険医療機関等と患者の同意に基づき行われるものであるが、保険医療機関等は、その提供に係る費用の徴収に当たっては、患者の選択に資するよう次の事項に留意すること。

　療養の給付と直接関係のないサービスは、一般の商取引と同じということです。
　さらに、自由診療を行う歯科医院にとって下記は最も重要な部分です。

◆「療養の給付と直接関係ないサービス等の取扱いについて」

（平成 30 年 3 月 20 日一部改正）より抜粋

2　療養の給付と直接関係ないサービス等

　療養の給付と直接関係ないサービス等の具体例としては、次に掲げるものが挙げられること。

（1）日常生活上のサービスに係る費用

　　ア　おむつ代、尿とりパット代、腹帯代、T字帯代

　　イ　病衣貸与代（手術、検査等を行う場合の病衣貸与を除く。）

　　ウ　テレビ代

　　エ　理髪代

　　オ　クリーニング代

　　カ　ゲーム機、パソコン（インターネットの利用等）の貸出し

　　キ　MD、CD、DVD 各プレイヤーの貸出し及びそのソフトの貸出し

　　ク　患者図書館の利用料　　等

（2）公的保険給付とは関係のない文書の発行に係る費用

　　ア　証明書代

　　（例）　産業医が主治医に依頼する職場復帰等に関する意見書、生命保険等に必要な診断書等の作成代等

　　イ　診療録の開示手数料（閲覧、写しの交付等に係る手数料）

　　ウ　外国人患者が自国の保険請求等に必要な診断書等の翻訳料　　等

（3）診療報酬点数表上実費徴収が可能なものとして明記されている費用

　　　ア　在宅医療に係る交通費

　　　イ　薬剤の容器代（ただし、原則として保険医療機関等
　　　　　から患者へ貸与するものとする。）　等

　(4) 医療行為ではあるが治療中の疾病又は負傷に対するもの
　　　ではないものに係る費用

　　　ア　インフルエンザ等の予防接種

　　　イ　美容形成（しみとり等）

　　　ウ　禁煙補助剤の処方（ニコチン依存症管理料の算定対
　　　　　象となるニコチン依存症（以下「ニコチン依存症」
　　　　　という。）以外の疾病について保険診療により治療
　　　　　中の患者に対し、スクリーニングテストを実施し、
　　　　　ニコチン依存症と診断されなかった場合であって、
　　　　　禁煙補助剤を処方する場合に限る。）

　　　エ　治療中の疾病又は負傷に対する医療行為とは別に実
　　　　　施する検診（治療の実施上必要と判断し検査等を行
　　　　　う場合を除く。）　等

　(5) その他

　　　ア　保険薬局における患家への調剤した医薬品の持参料

　　　イ　日本語を理解できない患者に対する通訳料

　　　ウ　他院より借りたフィルムの返却時の郵送代

　　　エ　院内併設プールで行うマタニティースイミングに係
　　　　　る費用

　　　オ　患者都合による検査のキャンセルに伴い使用するこ
　　　　　とのできなくなった当該検査に使用する薬剤等の費
　　　　　用（現に生じた物品等に係る損害の範囲内に限る。
　　　　　なお、検査の予約等に当たり、患者都合による
　　　　　キャンセルの場合には費用徴収がある旨を事前に説
　　　　　明し、同意を得ること。）

> カ　院内託児所・託児サービス等の利用料
>
> キ　手術後のがん患者等に対する美容・整容の実施・講
> 習等
>
> ク　有床義歯等の名入れ（刻印・プレートの挿入等）
>
> ケ　画像・動画情報の提供に係る費用（区分番号「B010」
> 診療情報提供料（Ⅱ）を算定するべき場合を除く。）
>
> コ　公的な手続き等の代行に係る費用等

（4）に、医療行為であっても治療中の疾病または負傷に対する
ものでなければ混合診療にならないと書かれています。したがっ
て、予防接種、健診、健康増進、美容形成などが目的の医療行為
であれば混合診療には該当しません。

また、治療中の疾病または負傷に対する医療行為とは別に実施
する検診も混合診療には該当しません。

〔4〕混合診療についてよくある勘違い

「カルテを変えれば混合診療にならない」「受診日をずらせば混
合診療にならない」という話を信じている歯科医師がいるようで
すが、これらは根拠のない都市伝説です。その証拠に、個別指導
のときに保険と自費のカルテの用意を要求している地方厚生局が
あります。カルテを変えても、受診日をずらしても、一連の医療
行為と認められるものは混合診療に該当する可能性は高いといえ
るので、あくまで一連の医療行為（治療中の疾病または負傷に対
するもの）であるかどうかで判断するようにしてください。

〔5〕歯科医院における美容医療

① 歯科口腔外科の診療範囲

　歯科医院で美容医療を行う場合、混合診療に該当するかどうか以前の問題として、医師法に違反しないことが大切です。歯科医師は歯科医業を行うことができますが、医師でないものが医業を行うと医師法違反になるからです。

　ところが、歯科医業の診療範囲は明確にされておらず、特に歯科口腔外科の診療範囲はかなり曖昧です。歯科医院が標榜できる診療科目は、「歯科」、「矯正歯科」、「小児歯科」および「歯科口腔外科」の４つですが、そのうち歯科、矯正歯科、小児歯科の診療範囲はすぐに理解できると思います。

　しかし、歯科口腔外科の診療範囲は曖昧で、以前から診療範囲について議論されています。歯科口腔外科の診療範囲の目安になるのが、平成８年に厚生省（当時）が開催した「歯科口腔外科に関する検討会」です。検討会では歯科口腔外科の診療領域を次のようにまとめています。

◆歯科口腔外科に関する検討会・議事要旨より抜粋

> 　標榜診療科として歯科口腔外科の診療領域の対象は、原則として口唇、頬粘膜、上下歯槽、硬口蓋、舌前３分の２、口腔底に、軟口蓋、顎骨（顎関節を含む）、唾液腺（耳下腺を除く）を加えた部位とする。

　したがって、審美歯科と呼ばれる歯を白くするホワイトニング、歯茎を血色の良い色にするピーリング等は歯科医院の診療領域に間違いはありません。しかし、プラセンタ注射

やビタミン注射は少し問題があります。

　医科の場合には、プラセンタ注射やビタミン注射を美容目的で使用することができます。医療でいう美容とは、「皮膚の新陳代謝（若返り）を促して美肌効果や免疫強化を期待したり、更年期障害や生理不順等への効果を期待したりすること等」だと思いますので、歯科医院が美容目的としてプラセンタ注射やビタミン注射を使用すると、医師法違反になるおそれがあります。

　しかし、歯科医院でもプラセンタ注射やビタミン注射を歯周病や歯肉炎の予防という目的で使用するのであれば、歯科口腔外科の診療範囲に含まれると解釈できます。

　ただし、プラセンタ注射やビタミン注射として使用する医薬品の能書きに、用法として歯科医業云々とは書かれていないと思います。（歯科）医師であれば、能書きに書かれている以外の方法で医薬品を使用しても問題ありませんが、患者との間でトラブルが生じた場合は、注射した（歯科）医師の過失となり、製薬会社には責任は生じず、処置をした（歯科）医師の責任となります。

　ですから、疾患に効くのか、安全なのか等を十分に検討してから使用することをお勧めします。

　ところで、歯科医師は口唇についてはどんな治療もできると勘違いしている方がいるようですが、この考えだと歯科医師は風邪やインフルエンザの注射を口腔・口唇内であれば打てることになってしまいます。

　しかし、風邪の治療をしている歯科医院はありません。それは注射を打つ部位によって治療範囲が決まるのではなく、治療の目的となる疾病等によって治療範囲が決まるからです。風邪であれば内科の範疇になり、口腔・口唇を問わず歯科医師が風邪の治療を行うと医師法違反になります。

　最近はリップエステを行う歯科医院もあるようです。リップ
エステは唇を対象とした美容なので、歯科口腔外科の診療領
域である口唇の範囲内であり、歯科口腔外科を標榜している
歯科医院はリップエステを行っても問題ないと思われます。

② 歯科医院における美容医療と混合診療

　先ほど、歯科医院において歯周病や歯肉炎の予防という目
的でプラセンタ注射やビタミン注射を使用するのであれば歯
科口腔外科の診療範囲に含まれると書きましたが、当然これ
らの注射は自由診療です。

　予防接種、健診、健康増進、美容形成などが目的の医療行
為であれば混合診療には該当せず、ホワイトニングやピーリン
グは歯や歯茎の美容形成を行うものに含まれると解釈できるの
で、自費診療を行っても混合診療には該当しないと思います。

　ただし、ピーリングは歯茎の血色を良くするという純粋な
美容形成（審美）が目的で行う必要がありますし、ピーリン
グを行う前の口腔内の検査も自由診療で行う必要があります。
もしピーリングのための口腔内の検査を保険請求していると、
混合診療による不正請求として指摘される可能性があります。

　これに対し、プラセンタ注射やビタミン注射において、こ
れらを歯周病や歯肉炎の予防という目的で使用する場合は混
合診療に該当すると思われます。例えば、歯科疾患管理料は
継続的な歯科疾患の管理が必要な患者に対して管理計画書を
提供した場合に算定できますが、歯科疾患の管理には当然歯
周病も含まれます。

　混合診療は「一連の医療行為の中に保険診療と保険外診療
を併用すること」なので、歯科疾患（歯周病）の管理という
一連の診療の中で、歯周病予防目的でプラセンタ注射などを
使用すると混合診療に該当する可能性は高いといえます。

Ⅳ 歯科医院における物販

〔1〕非営利の正しい解釈

　歯科医院では以前から歯ブラシやフロス等を販売していますが、最近ではサプリメントやキシリトールガム等を販売している所も増えています。

　ところが、いまだに医療は非営利が原則だから営利行為である物販はできないと勘違いしている方がいます。特に保健所の職員にこのような勘違いが多いようです。医療は非営利だという根拠としてよくあげられるのが、医療法7条5項です。

●医療法7条より一部抜粋

> 第七条　病院を開設しようとするとき、医師法第十六条の四第一項の規定による登録を受けた者及び歯科医師法第十六条の四第一項の規定による登録を受けた者でない者が診療所を開設しようとするとき、又は助産師でない者が助産所を開設しようとするときは、開設地の都道府県知事の許可を受けなければならない。
>
> （中略）
>
> 5　営利を目的として、病院、診療所又は助産所を開設しようとする者に対しては、前項の規定にかかわらず、第一項の許可を与えないことができる。

　確かに医療法7条5項には営利を目的とする者には許可を与えないことができると書かれていますが、与えないことができるの

は第一項の許可です。第一項の許可とは、「病院を開設するとき」と「医師又は歯科医師でない者が診療所を開設するとき（つまり医療法人を開設するとき）」の許可です。個人開設の診療所は許可を必要としないので、医療法7条5項は個人開設の診療所には無関係です。

次に医療は非営利だという根拠としてあげられるのが、医療法54条です。

●医療法54条

第五十四条　医療法人は、剰余金の配当をしてはならない。

医療法人の剰余金の配当禁止について書かれた条文ですが、ここでも個人開設の診療所については一切触れられていません。

「医療機関の開設者の確認及び非営利性の確認について」という通知を非営利の根拠にあげることもできます。この通知は、冒頭で「医療法第7条及び第8条の規定に基づく医療機関の開設手続きについては、特に、開設者が実質的に医療機関の運営の責任主体たり得ること及び営利を目的とするものでないことを十分確認する必要があり」と書かれていますが、通知の内容は、「第一　開設許可の審査に当たっての確認事項」で開設許可の審査についての注意事項が書かれていますし、「第二　特別な検査を必要とする場合の検査内容」でも「開設者が実質的に医療機関の開設・経営の責任主体たり得ること及び営利を目的とするものでないことにつき疑義が呈された病院で貴職が必要と認めた場合については、（中略）検査すること。」と書かれているように開設許可が必要な医療法人と病院を前提とした通知であることがわかります。

　つまり"医療は非営利"ではなく、「病院と医療法人は非営利」なのです。個人開設の診療所が非営利だとする法令や通知は存在せず、個人開設の診療所も非営利が原則だというのは単なる思い込みです。非営利法人の定義は一般的に「その団体であげた利益をその団体の構成員で分配しないこと」です。これは医療法54条と同様の趣旨です。

　つまり利益を否定しておらず、団体で上げた利益を分配しなければなんら問題はありません。利益を内部留保したり、新たな設備投資に使ったりする分には一向に構わないのです。

　厚生労働省も非営利の意味を「医療を提供する法人は、営利を目的としないこと、すなわち、法人の対外的活動による収益性を前提としてその利益を構成員に分配することを目的としないこと（非営利性の確保）が求められるということとなっており、医療を提供する医療法人については、営利を目的としないということが大きく求められるということです。」と説明しています（「医療法人の事業展開等に関する検討会」の議事録より抜粋）。

〔2〕物販は営利行為か

　医療法7条にも営利を目的にしてはいけないと書かれていますし、他の通知にもよく営利を目的にしてはダメと書かれています。

　営利とは利益を得る目的で事業を行うことなので、物販は営利行為と決めつける人が多くいますが、これも間違った考え方です。確かに物販は利益を上乗せして販売しますが、販売という行為をもって営利と断定するのであれば、国や地方公共団体を含めたすべての団体が営利行為を行っていることになります。国会にすら売店がありますし、通信販売も行っています。

　つまり、利益を上乗せして販売する行為が営利行為に該当するのではなく、そこであげた利益をどうするかで営利を目的として

いるかどうかが決まるのです。

　前述したように「その団体であげた利益をその団体の構成員で分配しないこと」が非営利の意味なので、逆にいうと「利益を構成員に分配することを目的にする」と営利を目的にしていることになります。国や地方公共団体が売店や喫茶店を経営しても非営利に反しないのは、そこで上げた利益を国や地方公共団体の運営に充てているからです。そしてこの考え方は、病院や医療法人についても全く同じです。

〔3〕 歯科医院における物販

　前述したように、物販という行為自体が営利行為になるわけではないので、歯科医院で物販することに問題はありません。このことは2014年8月に「医療機関におけるコンタクトレンズ等の医療機器やサプリメント等の食品の販売について」という通知 図表1−1 が各都道府県、保健所設置市、特別区の医療担当部宛に出されたことで明確になりました。

図表1−1　医療機関におけるコンタクトレンズ等の医療機器やサプリメント等の食品の販売について

（事務連絡）
平成26年8月28日

各（都道府県／保健所設置市／特別区）医療担当部（局）ご担当者様

　医療機関におけるコンタクトレンズ等の医療機器やサプリメント等の食品の販売について

厚生労働省医政局総務課

　今般、規制改革実施計画（平成 26 年 6 月 24 日　閣議会議）において、医療機関におけるコンタクトレンズ等の医療機器やサプリメント等の食品の販売については、これが可能であることを明確化し、周知を行うこととされています（参考資料参照）。

　医療機関においてコンタクトレンズ等の医療機器やサプリメント等の食品の販売を行うことは、<u>当該販売が、患者のために、療養の向上を目的として行われるものである限り</u>、以前から可能ですので、適切に取扱われますよう、お願いいたします。

　ただし、歯科医院でなんでも物販できるわけではありません。通知にわざわざアンダーラインが引かれているように「当該販売が、患者のために、療養の向上を目的として行われるもの」である必要があります。歯ブラシ、フロス、キシリトールガム等は歯科治療に関係するものなので問題ありませんが、サプリメントは注意が必要です。

　例えば、ビタミン C、鉄、たんぱく質等が不足していると歯周病になりやすい、亜鉛、カルシウム、ビタミン D 等が不足していると虫歯になりやすいといわれています。このように歯科治療に関係があるサプリメントを販売するのは問題ありません。しかし、歯科医師の中には歯科医院専門のサプリメントではなく、医療機関専門のサプリメントを取り扱っているところがあります。

　医療機関専門のサプリメントであっても前述したように歯科治療に関係するものであれば問題ありませんが、中には患者に対してサプリメントと歯科治療との関係性を説明していない歯科医院もあるようです。「血管の健康を考えたサプリメント」「女性ホル

モンのバランスを考えたサプリメント」「ストレスやタバコによって消費されるビタミン C を補うサプリメント」とのみ説明しているだけでは、都道府県や保健所から改善を求められる可能性があるので注意が必要です。

　実際に筆者は東京都に対して医療法人の定款変更認可申請をした時に、東京都から医療法人が販売しているサプリメントと標榜している診療科目との関係性について説明を求められたことがあります。

〔4〕 医療法人における物販

　医療法人は医療法 39 条および 42 条で業務が制限されており、その中に物販は入っていないことから、医療法人は物販できないと勘違いしている人がいますが、厚生労働省は医療法人の物販を認めています。

　厚生労働省のウェブサイトに「医療法人・医業経営のホームページ」というページがありますが、そこに「医療法人の業務範囲」という資料があります。この資料の中に医療法人の附随業務について次のように書かれています。

◆医療法人の業務範囲（平成 31 年 3 月 29 日現在より抜粋）

> Ⅳ．附随業務
>
> ○開設する病院等の業務の一部として又はこれに附随して行われるものは収益業務に含まれず、特段の定款変更等は要しません。（附随業務として行うことが可能）附随して行われる業務とは、次に掲げるものです。
> ① 　病院等の施設内で当該病院等に入院若しくは通院する患者及びその家族を対象として行われる業務又は病院等の職

員の福利厚生のために行われる業務であって、医療提供又は療養の向上の一環として行われるもの。

　したがって、病院等の建物内で行われる売店、敷地内で行われる駐車場業等は、病院等の業務に附随して行われるものとされ、敷地外に有する法人所有の遊休資産を用いて行われる駐車場業は附随する業務に含まれないものとして取り扱います。

② 　病院等の施設外で当該病院に通院する患者を対象として行われる業務であって、当該病院等において提供される医療又は療養に連続して行われるもの。

　したがって、当該病院等への、又は、当該病院等からの患者の無償搬送は、病院等の業務に附随して行われるものとされ、当該病院等以外の病院から同じく当該病院等以外の病院への患者の無償搬送は附随する業務に含まれないものとして取り扱います。

③ 　①及び②において、当該法人が自らの事業として行わず、当該法人以外の者に委託して行う場合にあっては、当該法人以外の者が行う事業内容が、①又は②の前段に該当するものであるときは、当該法人以外の者への委託は附随する業務とみなし、①又は②の前段に該当しないものであるときは、附随する業務に含まれないものとして取り扱います。

　このように、医療法人でも医療提供または療養の向上の一環として行う売店等は附随業務として行うことができます。

　なお、医療法人の附随業務も全面的に認められているのではなく、医療提供または療養の向上の一環として行うものだけが限定的に認められているので、歯科治療に関係性があるもののみ販売が可能です。

　また、その歯科治療に関係するものであっても医療法人における通販は控えたほうが無難です。通販の場合、その医療機関に入院もしくは通院する患者およびその家族を対象として行われる業務とは限らないからです。たまに医療法人のウェブサイトでサプリメントを販売しているものを見かけますが、これでは患者およびその家族以外の者も購入できる可能性があります。ウェブサイトで通販を行うのであれば、MS法人で行うことをお勧めします。

〔5〕 サプリメントを個人輸入する場合の注意点

① 医薬品等の個人輸入

　医薬品、医療機器、サプリメント等を輸入する歯科医院は増えています。しかし、医薬品等の輸入は法律の規制があります。医薬品等の輸入を規制しているのは主に医薬品、医療機器等の品質、有効性および安全性の確保等に関する法律（以下、「医薬品医療機器等法」という）ですが、医薬品医療機器等法は輸入という行為自体は規制していません。医薬品医療機器等法が規制しているのは、営業のための輸入です。個人が自分で使用するための輸入（以下、「個人輸入」という）は規制の対象外です。

　「個人輸入は個数が制限されているのでは？」と思う方もいるかもしれませんが、個人輸入の個数は制限されていません。一定の個数以下であれば地方厚生局に輸入の届出を省略することができるので、通常はその個数以下で輸入しているだけです。

　歯科医院でも輸入した医薬品や診療材料を業として販売したり、賃貸したり、授与する場合は医薬品製造販売業許可が必要です。しかし、歯科医師が自己の患者の診断または治療

に供することを目的として、治療上必要であり国内に代替品が流通していない医薬品や診療材料を個人輸入することはできます。歯科医師が個人輸入する場合、重大な健康被害が起きるおそれがあると指定されている医薬品以外は、一定の個数以下であれば薬監証明は不要です。

　医療法人の場合は、医療法人自体が輸入申請をすることはできないので、通常は理事長または院長（管理者）個人で個人輸入します。

② サプリメントの輸入

　サプリメントは栄養補助食品や健康補助食品と呼ばれています。食品であれば食品衛生法という法律の対象ですので、医薬品医療機器等法の規制は受けません。食品衛生法では飲食店等の営業は許可が必要と定めていますが、食品等を販売する事業者は販売食品等について自らの責任において販売食品等の安全性の確保等の措置を講ずるよう努めなければならないとしか定めていませんので、サプリメントの販売は許可も届出も必要ありません。

　しかし、実際はサプリメントの扱いは非常に微妙になっています。その理由は、「無承認無許可医薬品の指導取締りについて」（以下、「46通知」という）があるからです。この通知は昭和46年に出されたので通称46通知と呼ばれています。

　46通知の冒頭には、「昨今、その本質、形状、表示された効能効果、用法用量等から判断して医薬品とみなされるべき物が、食品の名目のもとに製造（輸入を含む。）販売されている事例が少なからずみうけられている。」と、ほとんどサプリメントを名指ししており、46通知を見ると、厚生労働省がサプリメントを医薬品とみなしていることがよくわかり

ます。

　しかし、46通知は輸入を含む製造販売に対する指導取締りについて書かれたものであり、既に国内に流通しているサプリメントを規制したものではなく、国内業者から仕入れたサプリメントを販売する限り46通知を根拠に摘発されることはありません。

　図表 1−1 の通知にも「サプリメント等の食品の販売が可能」と書かれているように、国内業者から仕入れたサプリメントは、栄養補助食品または健康補助食品として取り扱われています。

　ところで、個人輸入したサプリメントを他院に譲渡する場合があるようです。サプリメントは46通知で輸入を含む製造販売では医薬品とみなされており、医薬品医療機器等法12条では、「業として、医薬品、医薬部外品又は化粧品の製造販売をしてはならない。」と定めています。

　製造販売とは「販売し、賃貸し、又は授与すること」を指すので他院に譲渡することは無償であっても授与に該当しますが、医薬品医療機器等法12条には「業として」行うという前提条件があります。

　つまり、個人輸入したサプリメントを他院に譲渡することが業として認められると、46通知を根拠として医薬品医療機器等法違反となって処罰の対象となる可能性があります。同じ歯科医院に繰り返し譲り渡していると業として認定される可能性がありますし、利益を上乗せして譲渡しても業として認定される可能性は高いと思います。

　閉院する等の特別な事情により他院に譲渡するのであれば業として行うものではなく処罰の対象になりませんが、特別な事情がそうそうあるとは思えないので、輸入したサプリメントを他院に譲渡することは基本的にしないでください。

〔1〕 医療法における委託先の制限

　医療法15条の2で、「政令で定めるものを委託しようとするときは、当該病院、診療所又は助産所の業務の種類に応じ、当該業務を適正に行う能力のある者として厚生労働省令で定める基準に適合するものに委託しなければならない」と規定されています。そして政令で定めるものを医療法施行令4条の7で次のように規定しています。

●医療法施行令4条の7（診療等に著しい影響を与える業務）

　　法第十五条の二に規定する政令で定める業務は、次のとおりとする。

一　人体から排出され、又は採取された検体の微生物学的検査、血清学的検査、血液学的検査、病理学的検査、寄生虫学的検査又は生化学的検査の業務

二　医療機器又は医学的処置若しくは手術の用に供する衣類その他の繊維製品の滅菌又は消毒の業務

三　病院における患者、妊婦、産婦又はじよく婦の食事の提供の業務

四　患者、妊婦、産婦又はじよく婦の病院、診療所又は助産所相互間の搬送の業務及びその他の搬送の業務で重篤な患者について医師又は歯科医師を同乗させて行うもの

五　厚生労働省令で定める医療機器の保守点検の業務

六　医療の用に供するガスの供給設備の保守点検の業務

（高圧ガス保安法（昭和二十六年法律第二百四号）の規
定により高圧ガスを製造又は消費する者が自ら行わなけ
ればならないものを除く。）
七　患者、妊婦、産婦若しくはじよく婦の寝具又はこれら
の者に貸与する衣類の洗濯の業務
八　医師若しくは歯科医師の診療若しくは助産師の業務の
用に供する施設又は患者の入院の用に供する施設の清掃
の業務

　そして業者の選定基準について、「病院、診療所等の業務委託
について」（平成5年2月15日指第14号）という通知で詳しく
定められています。
　歯科医院も検体検査、滅菌消毒、患者等の食事、患者等の搬
送、医療機器の保守点検、医療の用に供するガスの供給設備の保
守点検、患者等の寝具類の洗濯、清掃について業務委託するとき
は、通知に定められた選定基準を満たした業者にしてください。
保健所による歯科医院への立入検査で、これらの業務を適正な業
者に委託していない場合は、是正を求められることもあります。

〔2〕 医薬品医療機器等法による規制

　歯科医院でも MS 法人を作っているところがあります。
　MS 法人とは、一般的には医療機関と不動産賃貸など何らかの
取引を行う同族経営の会社のことを指します。そして MS 法人か
ら医薬品等や物品を購入したり、医療機器等をリースしたりして
いる歯科医院は多いと思います。物品は特に問題ありませんが、
医薬品等の売買や医療機器等のリースは、医薬品医療機器等法の
規制があるので要注意です。医薬品等の売買には「医薬品製造販
売業許可」が、医療機器等のリースには「高度管理医療機器等販

売業・賃貸業許可」または「管理医療機器販売業・賃貸業届出」
が必要です。もしこれらの許可や届出をせずに医薬品等の売買や
医療機器等のリースを行うと、医薬品医療機器等法違反として処
罰の対象になる可能性があります。

　MS法人は税理士から勧められて設立する場合が多いようです
が、P.9の「すべての税理士が医療業界に精通しているわけでは
ない」で説明したように、税務上問題があるかどうかだけ気にし
ている税理士は結構多いです。医療法で委託先に制限があること
や、医薬品医療機器等法の規制があることを知らない場合がある
ので注意が必要です。

〔3〕歯科医師の診療業務の委託

　医師または歯科医師の診療業務の委託は「できない」と勘違い
している人がいますが、診療業務の委託は医療法に明記されてい
ます。

●医療法15条の3第2項（アンダーラインは筆者）

　　病院、診療所又は助産所の管理者は、前項に定めるもの
のほか、病院、診療所又は助産所の業務のうち、医師若し
くは歯科医師の診療若しくは助産師の業務又は患者、妊
婦、産婦若しくはじよく婦の入院若しくは入所に著しい影
響を与えるものとして政令で定めるものを委託しようとす
るときは、当該病院、診療所又は助産所の業務の種類に応
じ、当該業務を適正に行う能力のある者として厚生労働省
令で定める基準に適合するものに委託しなければならない。

　医療法15条の3第2項は「医師若しくは歯科医師の診療若し

くは助産師の業務」と「患者、妊婦、産婦若しくはじよく婦の入
院若しくは入所に著しい影響を与えるものとして政令で定めるも
の」の委託について、「当該業務を適正に行う能力のある者とし
て厚生労働省令で定める基準に適合するものに委託しなければな
らない」としています。

　このうち後段の「患者、妊婦、産婦若しくはじよく婦の入院若
しくは入所に著しい影響を与えるものとして政令で定めるもの」
については、医療法施行令や「病院、診療所等の業務委託につい
て」という通知で詳しく定められていますが、「医師若しくは歯
科医師の診療若しくは助産師の業務」について定めた法令や通知
はないと思われます。

　しかし、当然のことながら「医師若しくは歯科医師の診療」は
医師または歯科医師にしかできません。資格を持っていない者が
診療業務の委託を受けることは、絶対に禁止です。

　歯科医師の診療業務の委託については医療法に基づく立入検査
（医療監視）に気を付けなければなりませんが、例えば東京都福
祉保健局医療政策部医療安全課が作成した病院自主管理チェック
リストの「2　雇入れ時の確認及び手続き」では下記のように書
かれています。

図表1-2　病院自主管理チェックリスト

2　雇入れ時の確認及び手続き			
1	職員の雇入れ時は、関係書類の確認及び適切な手続きを行っている。 □ 免許証の原本確認　　□ 労働契約の締結又は労働条件の明示 人材派遣会社等からの医療従事者の派遣　　　　（□ 有　□ 無） 医師、歯科医師、看護師等が行う医療関連業務の委託（□ 有　□ 無）	いる	いない	管理の 手引 p13, 105 -106

　「医師、歯科医師、看護師等が行う医療関連業務の委託」とい
う項目があるように、歯科医師の診療業務の委託は医療法上特に
問題はありません。

　歯科医院における歯科医師の診療業務の委託例としてインプラントの出張手術委任契約があります。

出張手術委任契約書

　○○歯科クリニック（以下、甲という）と、医療法人社団△△会（以下、乙という）とは、以下の通り、出張手術委任契約（以下、本委任契約という）を締結する。

（委任契約の範囲）

第1条　甲は乙に対し、次条以下に定めるところにより甲におけるインプラント手術（以下、本件手術という）を委任し、乙はこれを受任する。

（医療機器等）

第2条　本件手術に使用する医療機器、医薬品、医療材料、その他医療消耗品等（以下、医療材料等という）は、特に定めのない限り甲が準備する。

　　2　前項の規定にかかわらず、乙が本件手術に必要と判断した医療材料等で、甲が用意できないものについては、乙から甲に送る。この場合の運送料はすべて甲の負担とする。

　　3　本件手術に使用するあらゆる製品はメーカーの純正品を用いること。

　　4　本件手術におけるプロトコールは、メーカーの指定するマニュアルに従うこと。

（報酬額）

第3条　本委任契約に対する報酬額は次のとおりとする。

　　　① 埋入手術基本料

　　　　　　インプラント1本につき　　　　円
　　　　　　※埋入手術基本料には埋入手術日以降の消毒、抜
　　　　　　　糸等の費用は含まない。
　　②　骨移植等の付加手術料
　　　　別紙「手術料金表」に記載された金額
　　③　前条第2項により乙が用意した医療材料等を本件
　　　　手術に使用した場合は、その実費
　　2　前項の報酬額はすべて消費税込みの金額とする。

（支払方法）

第4条　甲は前条の報酬額を、乙の発行した請求書が甲に届い
　　　　た日から1カ月以内に乙へ支払うものとする。

（執刀担当医等）

第5条　乙は、本件手術のために、インプラント治療の実績と
　　　　経験が豊富な歯科医師を甲へ派遣するものとする。
　　2　前項の歯科医師の選任については、事前に甲の同意を
　　　　必要とする。

（注意事項）

第6条　乙は、本件手術後の非荷重安静期間中のメンテナンス
　　　　から上部構造体の装着までの注意事項を本件手術後に手
　　　　術記録に記載し、甲は記載された注意事項を厳守するも
　　　　のとする。

（保証）

第7条　第3条①のインプラント埋入手術基本料の保証は、仮
　　　　歯を含むアバットメント、上部構造体が装着されオッセ
　　　　オインテグレーションの獲得が確認できるまでとする。
　　　　なお、保証はインプラント埋入手術が対象であり、イン
　　　　プラント体等の製品に対する保証ではない。
　　2　本件手術を施した患者が、甲の歯科医師が必要と判断

したメンテナンスに応じず甲に来院しない場合には、保
証の対象外とする。

　3　甲が第2条第3項及び第4項に違反した場合も保証の
対象外とする。

（意思疎通）

第8条　本件手術が迅速かつ安全に行われるよう、甲乙双方と
もに、手術に関する十分な情報を互いに提供し、相互の
意思疎通を良好に保持するよう努めるものとする。

（秘密保持）

第9条　本委任契約の実施において、甲乙双方が知り得た患者
情報の秘密保持については、本委任契約中はもとより、
本委任契約終了後も、甲乙双方ともに義務を負う。

　2　乙は、本委任契約による秘密を甲以外の第三者に漏ら
してはならない。本委任契約終了後も同様とする。

（契約期間）

第10条　本委任契約は、令和　　年　　月　　日から令和
　　年　　月　　日までの満1年とする。ただし、期間
満了の3カ月前までに当事者の一方又は双方より、書面
による契約条項の変更または解約の申入れがなされない
場合は、同一の条件にてさらに満1年自動的に更新され
るものとし、以後も同様とする。

（契約の解除）

第11条　本委任契約は、甲乙共に、本委任契約に違反し、ま
たは重大な損害を相手に与えた等、相互の信頼関係が著
しく損なわれた場合は、甲乙共に催告を要せず、本委任
契約を解除することができる。

（管轄裁判所）

第12条　甲および乙は、本委任契約に関し、万が一紛争が生

じたときは、横浜地方裁判所を管轄裁判所とすることに
合意する。

（規定外事項）

第13条　本委任契約に定めなき事項ならびに契約条項の解釈
　　　　に疑義を生じたときは、民法その他関係法規に従って、
　　　　甲乙誠意をもって協議し解決にあたるものとする。

（その他）

第14条　甲は手術日の変更またはキャンセルがないよう、で
　　　　きるだけ手術日の確定に努めるものとする。

　　2　インプラント、サージカルテンプレート等の返品不可
　　　能な材料の発注、作製後に手術の取り止めが決定した場
　　　合には、発生した費用の全額を甲が負担する。

　　3　本件手術に対し麻酔鎮静法を必要とする場合、麻酔科
　　　医の必要とする患者情報は甲と麻酔科医との間で直接行
　　　う。

　　4　甲は善良なる管理者の注意義務をもって第2条第2項
　　　により乙から送られてきた医療材料等を管理することと
　　　し、医療材料等を毀損、紛失、または価値を減少させる
　　　ことのないよう努めるものとする。万が一、医療材料等
　　　を毀損、紛失、または価値を減少させた場合は、甲はそ
　　　の損害を賠償する。

令和　　年　　月　　日

　　　　　　甲

　　　　　　乙

Ⅵ　医科歯科併設の診療所

〔1〕 医科歯科併設の現状

　医科歯科併設の診療所が増えています。以前は、医科歯科併設の診療所というと美容形成外科や美容皮膚科を行う医療機関がホワイトニング等の美容歯科を行うために歯科を併設するケースが多かったですが、最近は口腔ケアの重要性が認識されるようになったこともあり美容以外でも医科歯科併設の診療所が増えてきました。

　少し古い資料ですが、2017 年 5 月 31 日の中央社会保険医療協議会総会の資料から医科歯科併設の診療所の数を推定できます。

図表 1－3　歯科医療機関の内訳

医療施設数　　　　　　　　　　　　　　　　　　　（平成 27 年度医療施設調査）

	施設数（H27.10.1 時点）			
	総数	無床	有床	
			1～9 床	10～19 床
歯科診療所数(医科歯科併設は除く)	68,737	68,708	28	1

病院		施設数（H27.10.1 時点）	
		一般病院	精神科病院
病院数（総数）		7,416	1,064
歯科標榜科（重複あり）	歯科	1,112	186
	矯正歯科	139	3
	小児歯科	148	3
	歯科口腔外科	923	9

保険医療機関数　　　　　　　　　　　　　　　　　　　（保険局医療課調べ）

	施設数※（H28.4.1 時点）		
	診療所	病院	総数
保険医療機関数（歯科）	69,618	1,788	71,406

※医科歯科併設の診療所、病院を含む。

（中央社会保険医療協議会総会「歯科医療（その 1）について」より抜粋）

　保険医療機関数（歯科）で診療所は 69,618 施設なのに対し、医科歯科併設を除く歯科診療所数は 68,737 施設なので、医科歯科併設の診療所（歯科）は 881 施設となります。診療所（歯科）に占める割合は 1.26％です。資料は 2017 年のものなので今はもう少し増えているかもしれません。

〔2〕 医科歯科併設の診療所の管理者

　医科歯科併設に関する相談で多いのが、管理者についてです。医師と歯科医師のどちらが管理者になるべきかわからないという方が多いようですが、医療法では併設の場合の管理者は次のように定められています。

●医療法 10 条第 2 項

　病院又は診療所の開設者は、その病院又は診療所が、医業及び歯科医業を併せ行うものである場合は、それが主として医業を行うものであるときは臨床研修等修了医師に、主として歯科医業を行うものであるときは臨床研修等修了歯科医師に、これを管理させなければならない。

　つまり、主に医業（医科）を行うのであれば医師が、主に歯科医業を行うのであれば歯科医師が管理者となればよいということです。医科と歯科のどちらを主に行っているかは、厚生労働省の「医療法第十条第二項にかかわる疑義について」という通知で患者数、収入額、構造設備、医療関係者その他の作業者数等から総合的に判断すべきだとされています。

　一般的には患者数や収入額は医療施設の面積に比例しますので、面積で判断するのが一番わかりやすいのではないかと思います。両方ともほぼ同じ面積であれば、もともとどちらの診療科目

を標榜していたかで判断すればよいと思いますが、判断に迷うときは所轄保健所にご確認ください。

〔3〕医科歯科併設の診療所の設備基準

　医療法23条で「換気、採光、照明、防湿、保安、避難及び清潔その他衛生上遺憾のないように必要な基準を厚生労働省令で定める。」と定められており、必要な基準は医療法施行規則で定められています。したがって医科歯科併設の場合も、医科と歯科ともに医療法施行規則で定められている構造設備基準を満たす必要があります。

　なお、医科歯科併設の相談は無床診療所のほうが多いので、無床診療所に関する構造設備基準についてのみ紹介します。

◆医療法施行規則16条で定めている無床診療所に関する構造設備基準

・診療の用に供する電気、光線、熱、蒸気またはガスに関する構造設備については、危害防止上必要な方法を講ずることとし、放射線に関する構造設備については、第四章（診療用放射線の防護）に定めるところによること。

・機械換気設備については、感染症病室、結核病室または病理細菌検査室の空気が風道を通じて病院または診療所の他の部分へ流入しないようにすること。

・患者が使用する廊下の幅は、次のとおりとすること。
　イ　省略（精神病床および療養病床に係る病室に隣接する廊下の幅）
　ロ　省略（病院に係るものに限る）
　ハ　イ以外の廊下（診療所に係るものに限る）の幅は、内法による測定で、1.2メートル以上とすること。ただし、両側に居室がある廊下（診療所に係るものに限る）の幅は、内法による測

定で、1.6 メートル以上としなければならない。

・歯科技工室には、防塵設備その他の必要な設備を設けること。

・調剤所の構造設備は次に従うこと。

　　イ　採光および換気を十分にし、かつ、清潔を保つこと。

　　ロ　冷暗所を設けること。

　　ハ　感量 10 ミリグラムのてんびんおよび 500 ミリグラムの上
　　　皿てんびんその他調剤に必要な器具を備えること。

・火気を使用する場所には、防火上必要な設備を設けること。

・消火用の機械または器具を備えること。

・診療所の構造設備の基準については、建築基準法の規定に基づく
　政令の定めるところによる。

　診療所を開設する時に保健所から平面図についていろいろと指
導されると思いますが、医療法施行規則で定めている無床診療所
に関する構造設備基準は上記だけです。医療法施行規則には上記
以外にも構造設備基準を設けていますが、すべて病室に関する基
準だったり、病院に関する基準だったりします。

　1 つの診察室で標榜できるのは 2 診療科までとか、処置室は診
療科ごとに設けなければならないと保健所から指導を受ける無床
診療所もあるようですが、これらも本来は病院の構造設備基準と
して定められています。

　ただし、無床診療所であっても建築基準法関連で定められてい
る採光、換気、天井の高さ等の基準は満たす必要があります。

　しかし、現実は無床診療所であっても保健所からいろいろ指導
を受けます。

◆無床診療所が受ける保健所からの指導例

1. 診療所は、他の施設と機能的かつ物理的に区画されていること。
2. 医療機関の各施設は、原則として構造上の一体性を保つこと。
3. 診療所の内部構造は必要な各室が独立していること。
4. 各室の用途が明示されていること。
5. 1室で多くの診療科を担当しないこと。
6. 他の室への通路となるような構造でないこと。
7. 患者のプライバシー保護に努めること。
8. 給水設備があることが望ましい。

　上記の指導例には法的根拠がないものもありますが、保健所の指導に従わないと診療所開設届が受理されなかったり、構造設備の変更が認められなかったりするので、できる限り所轄保健所の指導に従う必要があります。
　医科歯科併設する場合で時に気を付けなければならないのは、次の2点です。

1. 歯科治療室は他の室と明確に区画して他の室への通路となるような構造でないことにすること。
2. 医科と歯科を併設してもあくまで1つの医療機関なので、構造上の一体性を保つこと。

　例えば、道路をはさんで医科と歯科を併設する場合は、厚生労働省の「公道等を隔てた医療機関における施設の一体性について」という通知があります。

◆「公道等を隔てた医療機関における施設の一体性について」より抜粋

1　両施設の位置する敷地間の距離が同一の管理者による管理及び患者等の往来に支障をきたさない程度であること。

　具体的には、施設間を隔てる公道等に両施設の敷地が面していることを原則とすること。

2　公道等を隔てて位置する両施設の機能を十分考慮した上で、施設間の患者の往来の頻度や利用する患者の病態等を勘案し、衛生面や保安面などで医療の安全性が十分に確保されていると認められること。

　具体的には、施設を隔てる公道等には、特に狭隘な場合や自動車の通行が禁止されている場合を除き、横断歩道がある、又は、医療機関の職員による介助がある等、安全性への配慮が十分になされている必要があること。

　一方、手術を終えた患者や病状が不安定な急性期の患者が公道等を通って手術部門や検査部門等から病棟部門に移動するような場合は、医療の安全性が十分に確保されているとは認められないこと。

　なお、受付、待合室および会計を必ず分けなければダメと勘違いしている方もいるようですが、受付や待合室等は分けなくても大丈夫です。あくまで1つの医療機関なので分ける必要はありません。

第 2 章

歯科医院に関する税務等

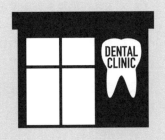

I 申告方法による納税額の違い

〔1〕 過度な節税は単なる無駄使い

　歯科医院を経営する者にとって、納税額は少しでも少ないほうが良いに決まっています。そのため節税セミナーや節税本は人気があるようですが、一般的には節税として紹介されている方法は下記のようなものだと思います。

・医療法人化を検討する

・小規模共済掛金や中小企業倒産防止共済に加入する

・所得拡大促進税制、中小企業投資促進税制、医療機器の特別償却
　などを利用する

・短期前払費用の特例を利用する

・減価償却方法を定率法にする

・少額減価償却資産の特例を利用する

・既に存在していない固定資産を除却する

・出張旅費規程を作る

・役員社宅を活用する

・生命保険を活用する

・確定拠出年金に加入する

・ふるさと納税を利用する

　どれも間違っているわけではありませんが、生命保険の活用には注意が必要です。実際にクリニックの経営者に不要な MS 法人を設立させたうえで、複数の不要な生命保険に加入させた税理士（以下、「A 税理士」という）がいました。

　第1章で述べたように、ほとんどの歯科医院にとって税理士は

最も身近な相談相手であり、信頼している経営パートナーです。その税理士から節税になるからと MS 法人の設立と生命保険の加入を勧められたら、疑うことなく税理士のアドバイスに従う人は多いと思います。

ちなみにこのケースでは、MS 法人設立後に資金繰りが急減に悪化したので、クリニック経営者が不審に思い、筆者に相談に来られました。話を聞いてみると、MS 法人は赤字であり節税対策の生命保険に加入する必要性がないこと、加入した生命保険は解約返戻率が低く保険商品としても良いものではないこと等が判明しました。

どうやら A 税理士は MS 法人の設立手数料と顧問料、および生命保険加入の手数料が目的で一連のスキームを勧めてきたと思われます。現に A 税理士は某生命保険の代理店をやっており、勧めてきた生命保険もそこの商品です。さらにその中でも手数料の良い商品を勧めてきた可能性が極めて高いです。

無駄使いであっても節税にはなります。経費が増えれば税金が減るからです。

ひどい場合には節税と称して自動車等の中古資産の購入や、保養所等の購入を勧めてきます。

筆者に言わせるとこれらは節税ではなく、単なる無駄使いです。経費が増えて節税はできても、節税できた金額以上に資金が流出するからです。

例えば、保険診療がメインで年収２億5,000万円位のクリニックを経営している医療法人の実効税率は約25％です。この医療法人で節税のために100万円の経費を使った場合、節税できる金額は25万円です。

しかし100万円を支払っているので節税分を考慮しても75万円は資金が減ります。

本当の節税とは、無駄金を使わずに納税額を減らすことです。

そして申告方法を見直すだけで納税額を減らせるケースは結構あります。

〔2〕消費税の申告は個別対応方式が有利

　消費税の申告方法を見直すだけで、納税額を減らせるケースがあります。

　消費税の申告方法は、「一般課税」と「簡易課税」がありますが、簡易課税は課税売上高（概ね自由診療収入や雑収入の合計）が5,000万円以下でなければ適用できないので、自由診療収入の割合が多い歯科医院は一般課税で消費税を申告しているところが多いです。

　一般課税はさらに、「個別対応方式」と「一括比例配分方式」に分かれます。医療機関は個別対応方式のほうが有利な場合が多いですが、一括比例配分方式により計算している税理士は結構います。

　個別対応方式を簡単に説明すると、仕入れや経費等を、課税売上（自由診療収入や雑収入）のみに対応する分と、非課税売上（保険診療収入）のみに対応する分と、課税売上と非課税売上の両方に共通する分に分けて計算します。

　例えば、インプラントを行っている歯科医院の場合は、下記のように区分できます。

・課税売上のみに対応する分

　　インプラント材料費および技工料

・非課税売上のみに対応する分

　　特になし

・共通する分

　　医薬品仕入、診療材料費、家賃、水道光熱費、消耗品費、被服費、福利厚生費、接待交際費等

　「医薬品仕入や診療材料費は保険診療収入のみに対応する分になるのでは？」と税務調査の際に聞かれたことがありますが、歯科医院の自由診療収入はインプラントだけではありません。セラミック等の保険適用外の歯の補綴や、ホワイトニング等もありますし、中には保険証がなくて全額自由診療で歯を治療される方もいます。

　医薬品仕入や診療材料費をこれらの治療ごとに把握するのは大変な作業で、現実的に無理です。ですから共通する分に該当します。

　これに対しインプラント材料費および技工料は、フィクスチャー、アバットメント、人工歯に限られていますし、業者も異なるので把握は容易です。

　課税売上対応分の仕入れが増えれば増えるほど、消費税の納税額は少なくなります。歯科医院により異なりますが、消費税の申告を個別対応方式に変えただけで年間100万円以上納税額が減ったところもあります。

〔3〕簡易課税の事業区分はすべて第5種事業とは限らない

　簡易課税で消費税を申告している場合、収入を第1種から第6種事業のいずれかに区分します。歯科医院における課税売上高は、自由診療収入、雑収入、固定資産売却収入等がありますが、このうち自由診療収入はみなし仕入率50％の第5種事業に該当し、固定資産売却収入はみなし仕入率60％の第4種事業に該当します。

　上記2つを間違えた申告書は見たことがありませんが、雑収入が間違っているケースは結構あります。間違いが多いのは、歯ブラシ等の物販収入です。これは患者に対して販売しているのでみ

なし仕入率80％の第2種事業（小売業）に該当します。

　撤去冠の売却収入は、みなし仕入率60％の第4種事業（その他の事業）に該当します。

　なお、撤去冠の売却収入については第5種事業だとする説があるようです。この説では撤去冠の売却はタックスアンサーの「第三種事業に該当する建設業、製造業等に係る事業に伴い生じた加工くず、副産物等の譲渡を行う事業は、第三種事業に該当するのであるから留意する。」と同様であり、歯科医業から生じた撤去冠の売却も第5種事業に該当するという見解だそうです。

　しかし、国税庁のタックスアンサー「廃材（品）、加工くず等の売却収入」は下記のように回答しています。

　第一種事業又は第二種事業を営む事業者が、不要となったダンボール箱等（以下「不要物品」といいます。）の譲渡を行う事業は、原則として第四種事業に該当します。ただし、当該事業者が、不要物品が生じた事業に該当するものとして処理しているときは、これが認められます。

　また、製造業者が製造工程等で発生した加工くず、副産物等の譲渡を行う事業は、第三種事業に該当することになります。

　タックスアンサーから読み取れるポイントは、不要物品は第4種事業であることと、第3種事業の製造工程等で発生した加工くず、副産物等は第3種事業であることです。

　歯科医院での撤去冠は製造工程等で発生した加工くずでも副産物等でもなく、患者から廃棄を依頼された不要物品なので第4種事業になります。撤去冠は患者によっては持ち帰る人もいるそうですが、ほとんどの患者は歯科医院に廃棄を依頼しています。歯科医院で撤去冠を再利用することはあり得ず、明らかな不要物品です。

　また、簡易課税の事業区分の判定について国税庁は、「事業者

が行う事業が第一種事業から第六種事業までのいずれに該当する
かの判定は、原則として、その事業者が行う課税資産の譲渡等ご
とに行います。」としています。

　つまり、歯科医院の自由診療収入や文書料などが日本標準産業
分類の大分類の「医療」なので第5種事業だとしても、撤去冠の
売却は不要物品の譲渡として下記のフローチャートで判定するの
が正しいです。

図表2−1　簡易課税の事業区分について（フローチャート）

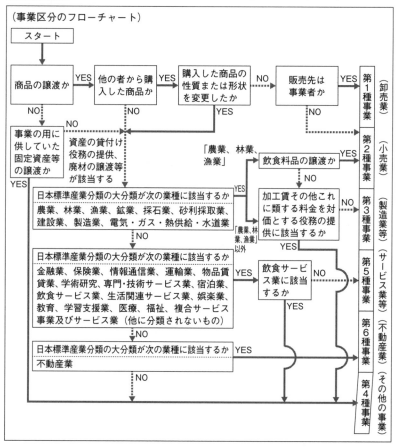

　不要物品の譲渡なので、日本標準産業分類のどれにも該当せず、フローチャートの一番下の第4種事業に該当すると考えるのが妥当です。前述したタックスアンサーで不要となったダンボール箱等の譲渡が、第4種事業に該当するのと同じ考えです。

　ただし、技工所で発生した作業くずの売却は製造工程等で発生した加工くずに該当すると思われるので、技工所の収入と同じ第4種事業です。

　このように消費税を簡易課税で申告している場合で、簡易課税の事業区分がすべて第5種事業の場合は損をしている可能性があるのでご注意ください。

〔4〕消費税の会計処理は税抜経理方式が有利

　消費税の免税事業者は消費税の納税義務がないので消費税の会計処理は税込経理方式しか選択できませんが、課税事業者は税込経理方式か税抜経理方式のいずれかを選択することができます。

　結論を先に書くと、消費税の会計処理は税抜経理方式が有利です。

　消費税として納付する税金は税込経理方式でも税抜経理方式でも変わりませんが、税抜経理方式のほうが下記のように法人税や所得税の課税所得金額となる利益を減らすことができます。

◆消費税の経理方式による利益の差

	税込経理方式	税抜経理方式
税込11,000,000円の自由診療収入の会計処理	収入　　　11,000,000円 ……………………①	収入　　　10,000,000円 仮受消費税　1,000,000円 ……………………④
税込3,300,000円の薬品仕入の会計処理	医薬品費　3,300,000円 ……………………②	医薬品費　3,000,000円 仮払消費税　300,000円 ……………………⑤
税込5,500,000円の駐車場整備工事の会計処理	構築物　　5,500,000円 ……………………③	構築物　　5,000,000円 仮払消費税　500,000円 ……………………⑥
納付する消費税額	Ⅰ課税売上高に対する消費税 　①× 10/110 　　　　＝ 1,000,000円 Ⅱ課税仕入高に対する消費税 　（②＋③）× 10/110 　　　　＝ 800,000円 Ⅲ差引納付税額 　Ⅰ－Ⅱ＝ 200,000円	Ⅰ課税売上高に対する消費税 　④＝ 1,000,000円 Ⅱ課税仕入高に対する消費税 　⑤＋⑥＝ 800,000円 Ⅲ差引納付税額 　Ⅰ－Ⅱ＝ 200,000円
資産計上した構築物の減価償却費の計算 （償却率は定額・耐用年数15年のものを使用）	5,500,000円× 0.067 　　　　＝ 368,500円	5,000,000円× 0.067 　　　　＝ 335,000円
課税所得金額（利益）の計算	収入　　　　11,000,000円 医薬品費　△3,300,000円 減価償却費　△368,500円 租税公課　△200,000円 利　益　　7,131,500円	収入　　　　10,000,000円 医薬品費　△3,000,000円 減価償却費　△335,000円 利　益　　6,665,000円

※課税売上割合や控除対象外消費税等の計算は省略しています。

　上記のとおり、消費税の会計処理を税抜経理方式にしたほうが
446,500 円も課税所得金額が少なくなります。税抜経理方式のほ
うが課税所得金額が少ない理由は、減価償却資産の計上金額にあ
ります。

　税込経理方式の場合は、消費税を含めた 5,500,000 円を減価償
却資産として計上しますので、その減価償却資産の耐用年数の期
間にわたって消費税の 500,000 円を費用化しなければなりま
せん。上記のケースでは消費税の費用化に 15 年もかかります。

　建物のように数億円もして耐用年数が長い減価償却資産を取得
した時は、何百万円単位で納税額に差が出てきます。

　他にも税抜経理方式のほうが有利なことがあります。

① 少額減価償却資産の損金算入限度額が増える

　本来、取得価額が 200,000 円以上の減価償却資産はその減
価償却資産の耐用年数の期間にわたって損金にしなければな
りませんが、中小企業者等は取得価額が 300,000 円未満の減
価償却資産は、その取得年度に取得価額全額を損金にするこ
とができます（2022 年 3 月までの時限措置）。

　そして取得価額が 300,000 円未満の減価償却資産を、「少
額減価償却資産」といいます。この少額減価償却資産の損金
算入限度額は年間 3,000,000 円以下ですが、税込経理方式の
場合は税込 3,000,000 円以下となるのに対し，税抜経理方式
は税抜 3,000,000 円以下となります。

　したがって、税抜経理方式のほうが税込経理方式より、少
額減価償却資産の損金算入限度額が年間 300,000 円多くなり
ます。

② 償却資産税が少なくなる

　償却資産税とは市町村税である固定資産税の一種で、毎年1月31日までに不動産以外の医療機器や器具備品や構築物等の減価償却資産を所有している場合には、その減価償却資産が所在する市区町村に申告する義務がある税金をいいます。市区町村は事業者からの申告にもとづき、それぞれの資産の評価額を決定し、それらの評価の合計額が年間150万円を超える場合には償却資産税が課税されます。償却資産税の税率は1.4％です。

　そして、市区町村に申告する償却資産の取得価額は税込経理方式の場合は税込で、税抜経理方式の場合は税抜となります。

　償却資産の評価額は、申告された取得価額と耐用年数をもとに計算しますので、償却資産の取得価額を税込で申告すると、その資産の消費税に対しても1.4％の償却資産税が課税されることになります。税込1,100万円の資産であれば、その消費税100万円に対しても1.4％の償却資産税が課税されるので、単純に計算すると（100万円×1.4％＝）14,000円も償却資産税を多く納税することになります。

Ⅱ MS法人との取引で気を付けること

　第1章で説明した医療法における委託先の制限と医薬品医療機器等法による規制は、MS法人との取引についてもあてはまります。

　本節ではこれ以外にMS法人との取引で気を付けるべきことを説明します。

〔1〕 関係事業者との取引の状況に関する報告書

　医療法人は、2017年4月2日以降に開始する会計年度から毎年都道府県に対して提出義務がある決算届（事業報告書）に関係事業者との取引の状況に関する報告書が追加されました。

　関係事業者とは、医療法人と取引を行う下記の者をいいます。

---

① 当該医療法人の役員またはその近親者（配偶者または二親等内の親族）

② 当該医療法人の役員またはその近親者が代表者である法人

③ 当該医療法人の役員またはその近親者が株主総会、社員総会、評議員会、取締役会、理事会の議決権の過半数を占めている法人

④ 他の法人の役員が当該医療法人の社員総会、評議員会、理事会の議決権の過半数を占めている場合の他の法人

⑤ ③の法人の役員が他の法人（当該医療法人を除く）の株主総会、社員総会、評議員会、取締役会、理事会の議決権の過半数を占めている場合の他の法人

上記の関係事業者と行う下記の取引が報告の対象となります。

① 事業収益または事業費用の額が、1,000万円以上であり、かつ当該医療法人の当該会計年度における事業収益の総額（本来業務事業収益、附帯業務事業収益および収益業務事業収益の総額）または事業費用の総額（本来業務事業費用、附帯業務事業費用および収益業務事業費用の総額）の10％以上を占める取引

② 事業外収益または事業外費用の額が、1,000万円以上であり、かつ当該医療法人の当該会計年度における事業外収益または事業外費用の総額の10％以上を占める取引

③ 特別利益または特別損失の額が、1,000万円以上である取引

④ 資産または負債の総額が、当該医療法人の当該会計年度の末日における総資産の1％以上を占め、かつ1,000万円を超える残高になる取引

⑤ 資金貸借、有形固定資産および有価証券の売買その他の取引の総額が、1,000万円以上であり、かつ当該医療法人の当該会計年度の末日における総資産の1％以上を占める取引

⑥ 事業の譲受または譲渡の場合、資産または負債の総額のいずれか大きい額が、1,000万円以上であり、かつ当該医療法人の当該会計年度の末日における総資産の1％以上を占める取引

　わかりやすく説明すると、同族関係者またはMS法人と行う1,000万円以上、かつ、事業費用の総額の10％以上の取引が報告の対象となります。

　例えば、事業費用の総額が9,000万円の医療法人であれば1,000万円以上の取引が報告の対象となり、事業費用の総額が2億円の医療法人であれば2,000万円以上の取引が報告の対象となります。

　報告の対象となる取引がある場合は、関係事業者の名称、所在地、直近の会計期末における総資産額、事業内容、取引の内容、取引金額などを報告しなければなりません。

図表2-2　関係事業者との取引の状況に関する報告書

様式5

法人名 _____

所在地 _____

※医療法人整理番号 ☐☐☐☐☐

関係事業者との取引の状況に関する報告書

(1)　法人である関係事業者

種類	名称	所在地	総資産額 (千円)	事業の内容	関係事業者 との関係	取引の内容	取引金額 (千円)	科目	期末残高 (千円)

(取引条件及び取引条件の決定方針等)

(2)　個人である関係事業者

種類	氏名	職業	関係事業者 との関係	取引の内容	取引金額 (千円)	科目	期末残高 (千円)

(取引条件及び取引条件の決定方針等)

　問題はこの報告書を提出すると、都道府県から非営利性を損なっていないかどうか確認するための委託金額の根拠や、MS法人に委託しなければならない理由等の提出を求められることがある点です。

　不動産賃貸借取引であれば、参考物件との1平方メートルあたりの単価を比較した近傍類似値の資料を提出すればよいので、提出を求められても簡単に対応できます。

　一方、委託契約の場合は近傍類似値がないことが多く、対応に苦慮しているケースことが多いようです。

　しかし、都道府県がMS法人との取引について細かくチェックするであろうことは制度導入前からわかっていました。そもそもMS法人との取引を認めているからこそ、関係事業者との取引の状況に関する報告書が追加されているにもかかわらず、某都道府県の医療法人の担当者は改正医療法の説明会で、「関係当事者（MS法人）との取引は絶対にダメ。だから報告書を出すことは

ないはず。あってはならない。」と話していたことがあります。

　このことからも都道府県が異常に細かくMS法人との取引について チェックすることは容易に想像できます。

　したがって、報告書にMS法人との取引について記載するときは、あらかじめ都道府県から何を聞かれても対応できるように準備しておく必要があります。

　ちなみに筆者は、原則として不動産賃貸借取引以外は報告書に記載しません。MS法人との委託契約を給与計算事務委託契約、経理事務委託契約、経営コンサルタント契約等、業務ごとに細かく分けて契約しているからです。こうすることで各取引は1,000万円以上、かつ、事業費用の総額の10％以上の取引に該当しなくなります。

〔2〕 MS法人との取引は税金を増やしている⁉

　MS法人は節税になるといまだに信じている人がいるようですが、残念ながらMS法人は節税どころか税金が増えていることが多いです。

　年収1億円（社会保険割合70％）の歯科医院で、年間2,000万円の委託費をMS法人に支払っているケースを想定してシミュレーションしてみたのが 図表2−3 です。

図表 2-3　MS 法人取引のシミュレーション

■医療法人単独の納税額

年収	100,000,000	
所得金額	20,000,000	
法人税・地方法人税	4,159,200	
法人事業税・地方法人特別税	340,800	（社会保険割合　70%）
法人地方税	583,900	
法　人　税　等　計	5,083,900	実効税率　25.42%
消費税	1,500,000	簡易課税・すべて10%＆第5種
納　税　額　合　計	6,583,900	事業

■MS 法人単独の納税額

年収	20,000,000	
所得金額	1,500,000	
法人税・地方法人税	234,900	
法人事業税・地方法人特別税	73,000	
法人地方税	99,000	
法　人　税　等　計	406,900	実効税率　27.13%
消費税	1,000,000	簡易課税・すべて10%＆第5
納　税　額　合　計	1,406,900	種事業

■2社の合計納税額　7,990,800

■合算した場合の納税額

年収	100,000,000	
所得金額	21,500,000	
法人税・地方法人税	4,522,600	
法人事業税・地方法人特別税	373,600	（社会保険割合　70%）
法人地方税	628,800	
法　人　税　等　計	5,525,000	実効税率　25.70%
消費税	1,500,000	
納　税　額　合　計	7,025,000	

MS 法人による節税額	△ 965,800

※合算した場合の所得金額は下記により簡易的に計算しました。
　①医療法人単独の所得金額　20,000,000 円
　②合算により MS 法人への支払は不要になるので MS 法人の年収 20,000,000 円を加算
　③MS 法人の必要経費（年収−所得金額＝ 18,500,000 円）を減額
　　①＋②−③＝ 21,500,000 円

　このケースだと MS 法人を活用することで年間 965,800 円も税金が増えています。MS 法人を活用すると税金が増えるのは、消費税が主な原因です。

　図表2-3 を見ると MS 法人に支払った 2,000 万円に対して、年間 100 万円も消費税を支払う必要があります。医療法人のみでMS 法人がなければ、単純にこの分の消費税が浮きます。

　また、図表2-3 の実効税率を見ると医療法人単独の実効税率は 25.42％なのに対し、MS 法人単独の実効税率は 27.13％と、MS 法人のほうが 1.71％高くなっています。これは医療法人は社会保険診療に係る所得に対する法人事業税が非課税になる特例があるからです。

　このように MS 法人を活用すると消費税の分だけ税金が増えますが、それでも MS 法人は下記の理由により消費税以上の節税効果を期待できる場合があります。

---

① 取締役に給料を支払える

② 親族を取締役にできるし、非常勤報酬を支払うこともできる

③ 取締役を被保険者とした生命保険に加入でき、支払った保険料を経費にできる

④ 取締役に対して退職金が支給できる

⑤ 役員社宅を貸与できる

⑥ 年間 800 万円以下の所得に対する法人税は 15％と低い

　歯科医院の場合は自費率が高いところもあるので、必ずしもMS 法人を活用することで税金が増えるとは限りませんが、MS法人がある歯科医院は、一度 図表2-3 のようなシミュレーションをしてみることをお勧めします。

〔3〕税務調査

　歯科医院に対する税務調査で、MS法人への支払いが過大であると否認されるケースがあります。しかし、下記のポイントをきちんと守っていれば、否認されることはほぼあり得ません。実際に筆者は税務調査で否認されたことはありません。

◆ MS法人との取引で守るべき3つのポイント

①　契約書をきちんと作る
②　金額の算定根拠を用意する
③　MS法人側で収入に対する原価（費用）がある

　契約書を作るのは当たり前だと思う方は多いと思いますが、案外作られていません。契約書を作成しているMS法人のほうが少ないと思います。家賃や委託費の算定根拠についても「税理士が決めたから私は知らない」という歯科医院は本当に多いです。

　さらに、MS法人側の原価に至っては、ほとんど考慮されていません。税務調査でMS法人に実態がないと税務署から指摘されてしまい1,000万円以上の追徴金が課された医療法人の話を聞いたことがありますが、MS法人に年間数千万円もの収入がありながら、職員が1名もおらず非常勤役員が1名のみという状況では、ペーパーカンパニーと見られても仕方ないと思います。

　例えば、医療事務をMS法人に委託するのであれば、医事課職員をMS法人に転籍させるなど、MS法人側でその業務を行っている実態を作る必要があります。家賃やリースなど、常勤職員がいなくても問題ない取引であれば非常勤役員だけでも否認されませんが、その代わり金額の算定根拠は書面で残しておくことをお勧めします。

　特に家賃は、医療法人設立認可申請や定款変更認可申請などをする時に都道府県から近傍類似比較などの資料の提示を求められることがありますので、あらかじめ用意しておく必要があります。

〔4〕 医療法人と MS 法人の役員兼務

　「医療法人と MS 法人の役員は兼務できない」と勘違いしている方が非常に多くいます。
　医療法人と MS 法人の役員兼務ができないという根拠は、医療法人運営管理指導要綱に医療法人の役員の適格性について下記のように書かれているからです。

◆医療法人運営管理指導要綱（一部抜粋）

> 　医療法人と関係のある特定の営利法人の役員が理事長に就任したり、役員として参画していることは、非営利性という観点から適当でないこと。

　この一文を根拠に、医療法人の監督権限がある都道府県が、医療法人と MS 法人の役員兼務はできないと指導するケースが多く見受けられますし、医療法人の利益を守るべき立場であるはずの医業経営コンサルタントや税理士の人たちでさえ「兼務できない」と言っていることがあります。
　しかし、医療法人運営管理指導要綱には、「非営利性という観点から適当でない」と書かれており、一切認めないとは書かれていません。
　したがって、医療法人運営管理指導要綱を根拠に医療法人の役員の適格性を判断するのであれば、重要なポイントは非営利性であり、医療法人運営管理指導要綱の正しい解釈は、「非営利性を

損なわない限り、医療法人の役員は MS 法人の役員になれる」です。

　実際に「医療機関の開設者の確認及び非営利性の確認について」という厚生労働省の通知があります。

◆医療機関の開設者の確認及び非営利性の確認について（一部抜粋）

③　開設者である個人及び当該医療機関の管理者については、原則として当該医療機関の開設・経営上利害関係にある営利法人等の役職員を兼務していないこと。

　　ただし、次の場合であって、かつ医療機関の非営利性に影響を与えることがないものであるときは、例外として取り扱うことができることとする。また、営利法人等との取引額が少額である場合も同様とする。

　　・営利法人等から医療機関が必要とする土地又は建物を賃借する商取引がある場合であって、営利法人等の規模が小さいことにより役職員を第三者に変更することが直ちには困難であること、契約の内容が妥当であると認められることのいずれも満たす場合

④　開設者である法人の役員については、原則として当該医療機関の開設・経営上利害関係にある営利法人等の役職員を兼務していないこと。

　　ただし、次の場合（開設者である法人の役員（監事を除く。）の過半数を超える場合を除く。）であって、かつ医療機関の非営利性に影響を与えることがないものであるときは、例外として取り扱うことができることとする。また、営利法人等との取引額が少額である場合も同様とする。

　　ア　営利法人等から物品の購入若しくは賃貸又は役務の提供の商取引がある場合であって、開設者である法人の代

> 表者でないこと、営利法人等の規模が小さいことにより
> 役職員を第三者に変更することが直ちには困難であるこ
> と、契約の内容が妥当であると認められることのいずれ
> も満たす場合
> イ　営利法人等から法人が必要とする土地又は建物を賃借
> する商取引がある場合であって、営利法人等の規模が小
> さいことにより役職員を第三者に変更することが直ちに
> は困難であること、契約の内容が妥当であると認められ
> ることのいずれも満たす場合
> ウ　株式会社企業再生支援機構法又は株式会社東日本大震
> 災事業者再生支援機構法に基づき支援を受ける場合で
> あって、両機構等から事業の再生に関する専門家の派遣
> を受ける場合（ただし、開設者である法人の代表者とな
> らないこと。）

　営利法人の規模が小さいことにより役職員を第三者に変更する
ことが直ちには困難であることと、契約の内容が妥当であると認
められることの両方を満たす必要があるとはいえ、営利法人との
役員兼務を認めています。

　上記のように厚生労働省が営利法人との役員兼務を認めている
にもかかわらず、いまだに都道府県は営利法人との役員兼務を認
めないことが多いので、役員兼務の必要性について都道府県に対
してきちんと説明できる場合を除き、役員兼務をしないことをお
勧めします。

　特に、医療法人設立認可申請時には役員兼務の必要性があった
としても役員兼務は避けるべきです。というのも、医療法人設立
認可申請は、都道府県が最も厳しく書類のチェックをするからで
す。

　なお、医療法人の理事長とMS法人の代表者の兼務は避けるべ

きです。

　理由は利益相反取引になることと、上記通知でも「開設者である法人の代表者でないこと」と書かれているからです。

　最後に、医療法人とMS法人の役員兼務が問題になるのは、あくまで医療法人と取引がある（利害関係にある）営利法人だけです。医療法人と取引がない営利法人の役員を兼務したり、代表者になることは何ら問題ありません。

第1章 Ⅱ〔4〕で「医療法人による開設のメリット・デメリット」について書いていますが、本項では医療法人化のメリット・デメリットについてもう少し詳しく解説します。

なお、一般的に医療法人化とは個人開設の歯科医院を医療法人にすることを指すので、ここでの比較は個人開設と医療法人との違いに限定して解説します。

〔1〕医療法人化のメリット・デメリット

歯科医院における個人開設と医療法人の違いをまとめてみました。

	個人開設	医療法人
税金面	不利なケースが多い	有利なケースが多い
相続対策	対策が取りづらい	対策を取りやすい
運営・手続き面	手続きが楽	手続きが煩雑
社会保険加入	労働者が5人未満の場合は任意加入	労働者数に関係なく加入義務がある
経費面	法人より経費がかからない	個人より経費がかかる
資金自由度	高い	低い
所有資産自由度	高い	低い
事業拡大の可能性	低い	高い
物　販	療養の向上を目的とする物販は可能	原則として院内での療養の向上を目的とする物販は可能

	個人開設	医療法人
歯科医院の管理者	原則として開設者しかなれない	理事であれば可能
M&A	医療機関の譲渡しかない	医療機関の譲渡と医療法人格を含めた譲渡が選択できる
事業廃止	しやすい	しづらい

〔2〕税金面

　節税を目的に医療法人化を考える歯科医院は多いと思います。実際に個人開設に比べると、医療法人のほうが下記の理由により節税効果は高いです。

① 所得税より法人税のほうが税率が低い

　所得税の最高税率が45％（2020年4月現在。復興特別所得税を除く）なのに対し、法人税の最高税率は23.2％（2020年4月現在）です。

図表2-4　所得税率

課税される所得金額	税率	控除額
195万円以下	5%	0円
195万円を超え　330万円以下	10%	97,500円
330万円を超え　695万円以下	20%	427,500円
695万円を超え　900万円以下	23%	636,000円
900万円を超え　1,800万円以下	33%	1,536,000円
1,800万円を超え　4,000万円以下	40%	2,796,000円
4,000万円超	45%	4,796,000円

図表2−5　法人税率（普通法人のみ）

区分			適用関係（開始事業年度）		
			平28.4.1 以後	平30.4.1 以後	平31.4.1 以後
普通法人	資本金1億円以下の法人など	年800万円以下の部分 下記以外の法人	15%	15%	15%
		適用除外事業者			19%
		年800万円超の部分	23.40%	23.20%	23.20%
	上記以外の普通法人		23.40%	23.20%	23.20%

　実際には所得税や法人税以外に地方法人税や住民税などが
課されるので、所得税や法人税だけで判断すべきではありま
せんが、個人開設の歯科医院の所得税・住民税を含めた実効
税率は年間所得1,800万円で約29％、年間所得5,000万円で
約35％、年間所得1億円で約50％です。

　これに対し医療法人の法人税・住民税を含めた実効税率は
およそ25％〜29％です。

② 給与所得控除額がある

　医療法人は役員にも給与（役員報酬）を支払えるため、給
与所得控除の分だけ課税所得金額を減らすことができます。
2020年以降は給与所得控除額の上限が195万円になります
が、それでも節税効果はあります。

③ 所得の分散ができる

　節税の基本は所得を分散することです。家族という単位で
考えた時に、所得が多い歯科医師より、所得が少ない配偶者
に所得を移したほうが税金が減って家族としての手取り額が

増えます。

　個人開設では、親族に対する報酬は青色専従者給与しか認められません。青色専従者給与は専従であることが条件のため、親や子に対して報酬を支払うことは難しく、多くの場合は配偶者しか認められません。

　これに対し医療法人は、親や子を役員にすることができ、実態に応じて役員報酬を支払うことも可能です。

④ 退職金を支払うことができる

　個人開設では事業主や青色専従者に退職金を支払うことはできませんが、医療法人では役員にも退職金を支払うことができます。

⑤ 医療法人は経費にできる範囲が広い

　個人開設ではいくら生命保険に加入しても最大12万円の生命保険料控除しか受けられません。一方、医療法人では加入する生命保険料により異なりますが、保険料の一部または全部を経費にすることができます。

　また、個人開設では事業主に対して出張手当を支払うことはできませんが、医療法人では役員にも出張手当を支払うことができます。

　この他にも個人開設と医療法人では経費にできる範囲が違うものがあります。

〔3〕相続対策

　個人開設では生前に歯科医院を少しずつ贈与していくことは原則としてできませんが、医療法人であれば出資持分を少しずつ贈与することが可能です。

　さらに、基金拠出型医療法人などの出資持分のない医療法人であれば、基金以外は相続財産にすらなりません。

　また、出資持分のある医療法人であっても、持分の定めのない医療法人への移行計画の認定申請（いわゆる認定医療法人の申請）を受けることで、相続税・贈与税が猶予されます。

　このように相続対策の面だけで考えるのであれば、医療法人のほうが圧倒的に有利です。

※　移行計画認定制度（認定医療法人制度）は 2020 年 9 月 30 日で終了しています。

　　本来は制度が途切れることがないよう延長される予定で、国会にも改正案が提出されていましたが、新型コロナウイルスの影響により改正案は可決されていません。

　　したがって 2020 年 10 月 1 日以降については国会で改正案が可決され、施行日が決まるまで移行計画認定制度（認定医療法人制度）は制度そのものがないので申請できません。

〔4〕運営・手続き面

　医療法人を設立する時は都道府県に対する設立認可申請、法務局への設立登記、保健所に対する開設許可申請が必要ですし、設立後も毎年都道府県に対する届出等の手続きや法務局への変更登記が必要です。

　また、決算届（事業報告書）には関係事業者との取引の状況に関する報告書が必要ですが、この報告書を提出したことで都道府県から非営利性を損なっていないかどうか確認するための委託金額の根拠や、MS 法人に委託しなければならない理由等の提出を求められることもあります。

　さらに、税務申告も個人開設に比べると格段に難しくなります。

　所得税の申告を税理士に頼まずに歯科医師本人が申告している
ケースは聞いたことがありますが、医療法人の申告はほぼ確実に
税理士に頼んでいると思います。

　このように個人開設に比べると、医療法人は格段に手続きが増
えます。手続きが増えるということは行政機関とのかかわりも増
えるので、指導を受けたり改善を要求されたりするケースも増え
ます。

〔5〕 社会保険加入

　個人開設では労働者が5人未満であれば社会保険の加入義務は
ありませんが、医療法人の場合は労働者数に関係なく社会保険へ
の加入義務があります。社会保険の負担は非常に重く、最近では
節税よりも社会保険料の節約のほうが経営者の関心が高いくらい
です。

　特に理事長や理事長の配偶者など医療法人の役員の社会保険料
負担は、個人開設に比べて格段に増える可能性があるので注意が
必要です。

〔6〕 経費面

　運営・手続き面で説明したように、医療法人は都道府県に対す
る手続きや法務局への登記が必要になります。都道府県に対する
手続きを行政書士に依頼したり、法務局への登記を司法書士に依
頼したりすれば、その分経費は増えます。

　また、税理士に支払う報酬も、個人開設より医療法人のほうが
高くなる傾向があります。

　この他に、社会保険料の負担も増えます。

　節税面だけで医療法人化を検討するのでなく、経費面もしっか

り考慮して医療法人化の検討をすることをお勧めします。

〔7〕 資金自由度

　個人開設では歯科医院のお金を事業主である歯科医師が個人的なことに使っても、事業主自身のお金を使っただけなので貸し借りは発生しませんが、医療法人のお金は法人という別人格のお金なので、たとえ理事長であっても医療法人のお金を個人的なことに使ってしまうと、医療法人との間に貸し借りが発生します。

　つまり、理事長は医療法人からお金を借りることになります。このようなお金は貸借対照表では貸付金または仮払金で処理されることが多いのですが、この貸付金または仮払金が多額にあると、都道府県から医療法人の資金を不当に理事長に貸し付けたとして医療法54条に抵触する行為として是正を求められたり、銀行から融資を断られる可能性もあります。

　医療法人化した後は理事長であってもスタッフと同様に給与所得者になるので、給与の手取額から個人的な支出をしなければなりません。

〔8〕 所有資産自由度

　個人開設では個人が所有する土地、建物、預貯金の使い方に制限はありません。個人が所有する土地でアパート経営をしたり、駐車場経営をしたりすることも可能です。

　しかし、医療法人は医療法で業務が制限されています。たとえ遊休地であってもアパート経営はできませんし、駐車場も患者や職員向けなどに限られます。

〔9〕 事業拡大の可能性

　医療法人であれば分院を開設することができます。

　この他にも医療法42条に定められた有料老人ホームなどの介護保険事業、歯科技工所、施術所などの開設も可能です。

〔10〕 物　販

　歯科医院は個人開設か医療法人かを問わず、患者のために療養の向上を目的として行われる物販は可能です。歯ブラシ、フロス、キシリトールガム等のほか、歯科治療に関係があるサプリメントの販売も問題ありません。

　しかし、医療法人は歯科治療に関係するものであっても通販は控えたほうが無難です。通販の場合、その医療機関に入院もしくは通院する患者およびその家族を対象として行われる業務とは限らないからです。

　詳細は、「**第1章 Ⅳ 歯科医院における物販**」をご参照ください。

〔11〕 歯科医院の管理者

　医療法は原則として、同一人物が複数の医療機関の管理者になること（いわゆる2カ所管理）を認めていません。また、歯科医院の開設者が歯科医師であるときは、原則として自らその歯科医院の管理者になることも定めています。

　つまり、個人開設している歯科医院では勤務医を管理者にすることは事実上不可能です。

　また、たとえ親子間の事業承継であっても診療所廃止届と診療所開設届を提出しなければなりません。

　診療所を新たに開設することになるため、保険医療機関指定申

請もやり直しです。保険医療機関コードが新しくなるのでかなりの確率で新規個別指導があります。

　これに対し医療法人は、勤務医を理事にすることで管理者にすることが可能です。理事にする理由は、医療法46条の5で「医療法人は、その開設する全ての病院、診療所、介護老人保健施設又は介護医療院の管理者を理事に加えなければならない。」と定めているからです。

　開設者の変更はないので、都道府県への役員変更届と保健所への管理者変更の届出だけで済み、原則として新規個別指導もありません。

〔12〕M&A

　M&AとはMerger and Acquisition（合併と買収）の略であり、買収（敵対的買収）という意味で使われる場合もありますが、歯科医院のM&Aは一般的な売買という意味で使うのが一般的です。

　M&Aは一般的には稼働中の歯科医院の売買を指します。

　これに対し、売り主である歯科医院が使っていた内装や医療機器などが残っている状態で譲渡する居抜譲渡という方法もあります。

　M&Aは稼働中の歯科医院であることに対し、居抜譲渡はわずかな期間であっても休診している状態で譲渡します。

　前述したように、M&Aは稼働中の歯科医院の売買なので、建物や医療機器等の設備だけでなく来院中の患者やスタッフも含めて承継すると考えてください。

　歯科医院のM&Aは個人開設・医療法人を問わず行われていますが、個人開設の歯科医院の場合は、医療機関である歯科医院の建物や設備等の譲渡に営業権をプラスする形で譲渡が行われま

す。

　これに対し、医療法人の場合は、本院のみを開設している医療法人の場合は医療法人格ごとに譲渡が行われることが多く、医療法人が開設している分院の1つを譲渡する場合は、個人開設と同様に医療機関である歯科医院の譲渡という形で行われることが多いです。

　居抜譲渡、医療機関の譲渡、医療法人格ごとの譲渡で、譲渡の方法や契約書は異なります。また、医療法人格ごとに譲渡する場合は、出資持分のない医療法人と出資持分のある医療法人でやり方が異なります。

　このようなM&Aの基本すら知らずに歯科医院のM&Aの仲介をしている者はたくさんいるので、M&Aを検討する場合はくれぐれもご注意ください。

　なお、M&Aのしやすさや税金面だけで考えると、出資持分のある医療法人格ごとの譲渡が一番有利です。

　出資持分の譲渡は有価証券の譲渡に該当するので、譲渡に対する税金は20.315％（2020年4月現在。住民税と復興特別所得税を含む）で済みます。他の譲渡方法だと譲渡の仕方にもよりますが、総合譲渡所得になったり、退職所得になったりします。

　退職所得は退職所得控除額があったり、所得が1／2になる等、総合譲渡所得より税金は少なくて済みますが、最終的な所得税率は「図表2-4　所得税率」を用います。もちろん総合譲渡所得も「図表2-4　所得税率」を用います。

　譲渡の仕方だけで税金が大きく異なるので、M&Aは、医療業界に精通し、M&Aの経験も豊富な税理士に相談することをお勧めします。

※　出資持分のある医療法人（いわゆる経過措置型医療法人）は、2007年4月以降は設立できません。したがって、これか

ら医療法人化する歯科医院はすべて、基金拠出型医療法人など
の出資持分のない医療法人となります。

〔13〕 事業廃止

　個人開設で歯科医院を廃止するには、保健所や税務署等に廃止
届を提出するだけなので手続きは簡単です。医療法人であっても
歯科医院を廃止するだけであれば、手続きは個人開設と同じです
が、医療法人格をどうするかという問題があります。

　例えば、本院のみを開設していた医療法人が本院である歯科医
院を廃止した場合は、医療法人を解散する手続きをしなければな
りません。たまに本院を廃止すれば医療法人格もなくなると勘違
いしている人がいますが、医療機関である歯科医院の廃止と医療
法人格は全く別の問題です。分院のみを廃止して本院は残ってい
る医療法人であれば、定款の目的を変更する必要があるので、都
道府県に対して定款変更認可申請をしなければなりません。

　このように事業廃止という面だけで考えると個人開設のほうが
簡単です。

　歯科医院における税務調査で確認されるものを大きく分けると、下記の３つになると思います。

> ・収入に関する調査
> ・人件費に関する調査
> ・経費に関する調査

〔1〕収入に関する調査

　収入に関する調査は、計上漏れの確認が中心となります。

　保険診療収入のうち社保支払基金と国保連合会から振り込まれる金額については、誤魔化しようがありません。社保支払基金と国保連合会から２カ月後に入金があることは税務調査官も周知のことなので、２カ月分をきちんと未収計上していればまず問題はありません。

　ただし、窓口負担金は故意か過失かは別にして、計上漏れが多いです。職員の窓口負担金を免除している歯科医院は多くありますが、これは税務上はあまり問題になりません。診療費減免規程（または福利厚生規程）に従って処理しているのであれば、福利厚生費となり、経費と収入が相殺されるからです。

　ただし、税務上は福利厚生費と相殺で問題はありませんが、福利厚生費として処理すると療養担当規則に違反します。療養担当規則とは健康保険法72条に定める厚生労働省令のことで、正式には「保険医療機関及び保険医療療養担当規則」となります。

　この療養担当規則５条は次のように定められています。

●一部負担金等の受領（療養担当規則５条、一部抜粋）

保険医療機関は、被保険者又は被保険者であつた者については法第七十四条の規定による一部負担金、法第八十五条に規定する食事療養標準負担額、法第八十五条の二に規定する生活療養標準負担額又は法第八十六条の規定による療養及び同項第二号に規定する生活療養についての費用の額に法第七十四条第一項各号に掲げる場合の区分に応じ、同項各号に定める割合を乗じて得た額の支払を、被扶養者については法第七十六条第二項、第八十五条第二項、第八十五条の二第二項又は第八十六条第二項第一号の費用の額の算定の例により算定された費用の額から法第百十条の規定による家族療養費として支給される額に相当する額を控除した額の支払を受けるものとする。

　要するに、療養担当規則５条は「患者一部負担金の支払を受けるものとする。」と定めており、患者が医療機関の窓口で支払うべき窓口負担金の免除を認めていません。このため、歯科医院に対する個別指導などで、職員の窓口負担金を免除している事実が判明すると指導の対象となり得ます。ですから福利厚生費として直接免除するのではなく、一度職員に窓口負担金を支払ってもらい、その後給料で返金する形をとることをお勧めします。
　ポイントは、職員が源泉所得税と雇用保険料を負担することです。

◆例）職員が窓口負担金として 3,000 円を負担した月の給料明細

・正しい方法		・間違った方法	
基本給	200,000 円	基本給	200,000 円
診療費補助	3,000 円	課税給料計	200,000 円
課税給料計	203,000 円	社会保険料	21,530 円
社会保険料	21,530 円	雇用保険料	600 円
雇用保険料	609 円	源泉所得税	3,980 円
源泉所得税	4,050 円	控除額計	26,110 円
控除額計	26,189 円	診療費補助	＋3,000 円
支給額	176,811 円	支給額	176,890 円

　上記のように、診療費補助の金額は必ず課税給料に含まれるようにしてください。

　もし、実際に職員が窓口負担金を支払わず、会計上で処理するのであれば、診療費補助として加算した金額と同額を前払金として最後に差し引いてください。

　窓口負担金で税務上問題になるのは、知人や友人に対して免除した場合です。知人や友人は歯科医院の運営に直接関係がない者なので、寄附行為とみなされます。「寄附金でも福利厚生費と同じように収入と相殺されるから問題ないだろ」と思われる方がいるかもしれませんが、特定の個人に対する寄附金は税務上はほとんど損金にならない（個人開設の場合は一切損金にならない）ので、結果として収入の計上漏れだけを修正申告することになります。

　これは保険診療収入の窓口負担金だけでなく、自由診療収入を免除した場合も同じです。

　この他にも歯科医院ではクレジットカードで決済された収入の計上漏れや、撤去冠売却収入の計上漏れがよく見られます。クレジットカードは一般的に 1 日から 15 日までに決済した分が月末

に入金され、16日から月末までに決済した分が翌月15日に入金されます。

　したがって、決算月の翌月15日に入金される分を未収金として計上しないと収入計上漏れになります。

　撤去冠売却収入が雑益、雑損失等の内訳書などに記載されていないと、税務調査が来る可能性が高くなります。特に医療法人の場合は法人税申告書に内訳書も添付しなければならないので、撤去冠を売却した時は必ず雑益、雑損失等の内訳書に記載すべきです。

　税務署は産業廃棄物処理会社に税務調査に入った際に反面資料として撤去冠の買い取り先の歯科医院リストを作成していることがあり、撤去冠売却収入を把握していると考えるべきです。

　また、税務署は撤去冠売却収入以外にも反面資料を入手しているケースがあります。ほとんどの患者が確定申告で医療費控除を行うからです。当然患者が医療費控除として申告した医療費は歯科医院では収入に計上されていなければなりません。

　特に、インプラントや矯正治療のように高額な自由診療については注意が必要です。

　さらに、予約表との照合を行う場合があり、予約表に名前が載っている日に収入が計上されていないと疑ってきます。ですからキャンセルがあった時は予約表の名前を二重線で取り消してキャンセルとわかるようにしておくことをお勧めします。

　他にも技工指示書から収入の計上漏れがないか確認することもあります。大抵このような場合は、税務調査官が「自由診療の技工委託先はどこですか？」と聞いてきます。

〔2〕人件費に関する調査

　人件費に関する調査は、架空人件費の確認が中心となります。

人物の特定はできても、就業している実態がない人は、架空人件費として否認されます。

　例えば、理事長個人宅のヘルパーやお手伝いさんを歯科医院の職員としたり、愛人への手当（？）を給料として支払ったり、明らかに歯科医院における勤務実態がないものは否認されます。

　架空人件費を確認するため、タイムカードと給与台帳との照合だけでなく、下駄箱やロッカーの名札と照合をするなど、とにかく税務調査官はいろいろな角度から架空人件費がないか調べてきます。特に毎月定額の給料を支払っている人を重点的に調べる傾向があります。

　次に、人件費で多いのは配偶者や親族への支払いが過大ではないかという指摘です。

　配偶者や親族に対して給料を支払っている場合は必ず聞いてくると思ったほうがよいでしょう。そのため、あらかじめ議事録等の証拠となる資料を作成しておく必要があります。

　また、最近の税務調査は反面調査をやたらと行います。

　理事長の両親に対してわざわざ電話で接触を図り、「医療法人〇〇会の理事会には最近いつ頃出ましたか？」などと聞いてくることもあります。ですから、事前に給料を支払っている配偶者や親族に対して税務調査がある旨と、万が一連絡があった場合の対応方法などを伝えておくことをお勧めします。

　このように書くと「本当は不正なんだろ」と思う方がいるかもしれませんが、配偶者や親族の方々は税務調査など受けたことがなく、いきなり税務調査官が来訪したり、電話されたりすると緊張して税務調査官の誘導尋問通りに答えてしまうことが多々あります。また最近はニセ税務職員も多いと聞いていますので、事前に税務調査がある旨を伝えることは必要なことだと思います。

〔3〕経費に関する調査

　MS法人との取引がある場合、経費に関する調査はMS法人との取引が中心となります。

　歯科医院に対する税務調査でMS法人への支払いが過大として否認されることはよくあるようですが、筆者の顧問先に対する税務調査でMS法人への支払いが否認されたことは一度もありません。

　それは次の3つことを守っているからだと思います。

① 契約書をきちんと作る

② 金額の算定根拠を用意する

③ MS法人側で収入に対する原価（費用）がある

　契約書を作るのは当たり前だと思う方がいると思いますが、案外作られていません。契約書を作成しているMS法人のほうが少ないと思います。

　家賃や委託費の算定根拠についても「税理士が決めたから私は知らない」という歯科医院の方が多いと思います。

　さらにMS法人側の原価に至っては、ほとんど考慮されていません。

　税務調査でMS法人に実態がないと税務署から指摘され、1,000万円以上の追徴金が課された医療法人の話を聞いたことがありますが、MS法人に年間数千万円もの収入がありながら、職員が1名もおらず非常勤役員が1名のみという状態では、ペーパーカンパニーと見られても仕方ないと思います。

　例えば経理事務をMS法人に委託するのであれば、事務職員をMS法人に転籍させるなど、MS法人側でその業務を行っている実態を作る必要があります。

　家賃やリースなど、常勤職員がいなくても問題ない取引であれ

ば非常勤役員だけでも否認されませんが、その代わり金額の算定根拠は書面で残しておくことをお勧めします。

　特に家賃は、医療法人設立認可申請や定款変更認可申請などの時に都道府県から近傍類似比較などの資料の提示を求められることがありますので、あらかじめ用意しておく必要があります。

　MS法人との取引以外で税務調査官がよく確認するのは交際費、福利厚生費、消耗品などに個人的支出が含まれていないかどうかです。支払先が明確でも支出した内容が歯科医院の運営に必要と認められるものでなければ経費にはなりません。税理士がいくら「事業に必要な領収書だけ出してください」と言っても、ほとんどの方は「ここまでならいいだろう」とか、「経費にするのが税理士の仕事だ」などと個人的支出と思われる領収書も出してきます。

　したがって、ほとんどの歯科医院は経費を叩かれれば多少なりとも埃は出てくるものです。

　購入明細がわかる領収書や請求書などを保管していれば、個人的支出でないことは簡単に証明できますが、明細がわからない領収書だと税務調査官は疑ってきますので注意してください。

　また、反面調査は行われるという前提で対応すべきです。

　領収書の但し書きに「お品代」と書いてあるものが多い場合に、特に反面調査が行われることが多いようです。

　次によく確認されるのが、現物の有無です。

　パソコン、テレビ、冷蔵庫、自動車など個人的にも使う可能性が高い物は特に確認される可能性が高いです。固定資産台帳に記載されている物は当たり前ですが、消耗品として処理したものでも現物確認をしてくる場合があるので気を付けてください。電子辞書、iPad、携帯電話など実際に聞かれたことがあります。

　現物の確認ではありませんが、貸金庫利用料が経費に計上され

ている場合、税務調査官が貸金庫の中を確認したいと言い出すことがあるので、税務調査の時は貸金庫の中にあるものも気を付けてください。

　以前に税務調査官が貸金庫を開けたら大量の札束が保管されていたことがあり、調査がかなり長引いたことがあります。

　また、委託費や研修費等も確認される場合があります。

　例えば、ホームページ管理委託費として会社ではなく個人に毎月定額の支払いをしていたり、英会話の研修費として個人に毎月定額の支払いをしていたりする場合は、本当に業務を委託しているのか、英会話のレッスンを歯科医院で行っているのか等を確認されます。本当に業務を委託していても、支払先の個人が無申告の可能性もあるので、反面資料として氏名、住所、振込先銀行口座などをメモすることもよくあります。

　とにかく個人に対して毎月定額を支払っているものは疑われると思ってください。

〔4〕　税務調査における質問検査権

　最近は多くの歯科医院がパソコンで日々の業務を行っており、パソコンには様々なデータが保管されています。ですから税務調査官もパソコンのデータを見たがりますが、税務調査官にパソコンを操作させてはなりません。税務調査官の中には、「我々は質問検査権があるからパソコンも自由に見られる」とうそぶく人もいますが、これは都合の良い拡大解釈です。

　「調査手続の実施に当たっての基本的な考え方等について」（事務運営指針）という国税庁の通達に、調査時における手続きは次のように定められています。

◆「調査手続の実施に当たっての基本的な考え方等について」より抜粋

（4）帳簿書類その他の物件の提示・提出の求め

　調査について必要がある場合において、質問検査等の相手方となる者に対し、帳簿書類その他の物件（その写しを含む。）の提示・提出を求めるときは、質問検査等の相手方となる者の理解と協力の下、その承諾を得て行う。

　（注）　質問検査等の相手方となる者について、職務上の秘密についての守秘義務に係る規定（例：医師等の守秘義務）や調査等に当たり留意すべき事項に係る規定（例：宗教法人法第84条）が法令で定められている場合においては、質問検査等を行うに当たっては、それらの定めにも十分留意する。

　帳簿書類その他の物件の提示には承諾を得て行うと明記されていますし、守秘義務に関する規定については十分留意することが明記されています。歯科医院のパソコンには守秘義務に関するデータも当然含まれており、税務調査官が好き勝手に見ていいものではありません。

　筆者が税務調査に立ち会った時にも何回かパソコンを税務調査官自身が操作していることがあり、即刻やめるように言ったところ、「質問検査権がある」「事務長の了解はもらった」等というので、「こちらの承諾があったうえで閲覧が可能であること」「事務長に了解をとったのはあくまでデータの一部でありパソコン全体のデータ閲覧の許可ではない」と反論し、パソコンの閲覧をすぐにやめてもらいました。

　最近は、あらかじめ「院内の情報管理規定により部外者のパソコン使用は禁止されているのでパソコンの操作は歯科医院の者が行う」と税務調査の冒頭で断っています。

第3章

歯科医院と医療広告

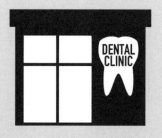

Ⅰ 医療広告ガイドライン

〔1〕2018年6月からの新しい医療広告ガイドライン

　歯科医院だけでなく医療機関の広告は医療法の規制があり、2007年3月30日に通知された「医業若しくは歯科医業又は病院若しくは診療所に関して広告し得る事項等及び広告適正化のための指導等に関する指針」（以下、「旧医療広告ガイドライン」という）や、2012年9月28日に通知された「医療機関のホームページの内容の適切なあり方に関する指針」（以下、「医療機関ホームページガイドライン」という）がありました。

　しかし、美容医療サービスに関する消費者トラブルの相談件数の増加等を踏まえ、消費者委員会より医療機関のウェブサイトに対する法的規制が必要である旨の建議がされたことを受け、医療に関する広告規制の見直しが行われ、医療法が改正されたことに伴い、2018年5月8日に現在の医療広告ガイドラインが通知されました。

　現在の医療広告ガイドラインは2018年6月1日から施行され、旧医療広告ガイドラインと医療機関ホームページガイドラインは同日廃止されました。

　現在の医療広告ガイドラインは、厚生労働省のウェブサイトで確認することができます。

図表 3-1 厚生労働省のウェブサイト

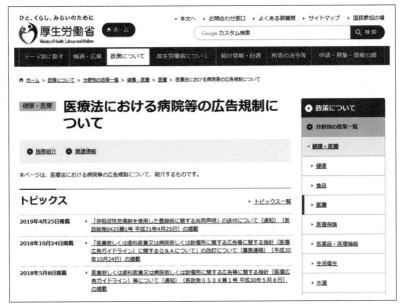

※上記の 2018 年 5 月 8 日掲載と書かれている通知が現在の医療広告ガイドラインです。
URL ➡ https://www.mhlw.go.jp/stf/seisakunitsuite/bunya/kenkou_iryou/iryou/kokokukisei/index.html

〔2〕広告規制の対象範囲

　医療広告ガイドラインはページ数も多く、わかりづらいところが多いので、ポイントと思われるものをいくつか紹介します。

　まず広告規制の対象範囲は、次の①および②のいずれの要件も満たすものが対象になります。

---

① 患者の受診等を誘引する意図があること（誘引性）

② 医業もしくは歯科医業を提供する者の氏名もしくは名称または病院もしくは診療所の名称が特定可能であること（特定性）

　このうち特に重要なのは①の「誘引性」です。誘引とは「さそいいれること。いざなうこと」（広辞苑第5版・岩波書店）なので、看板や不特定多数に配布するパンフレット・チラシ等が該当します。

　しかし、院内掲示物は広告規制の対象ではありません。すでに医療機関に来院している人に対する案内であり、患者を誘引する目的ではないからです。

◆広告規制の対象となるものの具体例

①　チラシ、パンフレットその他これらに類似する物によるもの（ダイレクトメール、ファクシミリ等によるものを含む）
②　ポスター、看板（プラカードおよび建物または電車、自動車等に記載されたものを含む）、ネオンサイン、アドバルーンその他これらに類似する物によるもの
③　新聞紙、雑誌その他の出版物、放送（有線電気通信設備による放送を含む）、映写または電光によるもの
④　情報処理の用に供する機器によるもの（Eメール、インターネット上の広告等）
⑤　不特定多数の者への説明会、相談会、キャッチセールス等において使用するスライド、ビデオまたは口頭で行われる演述によるもの

◆広告規制の対象とならないものの具体例

①　学術論文、学術発表等
　学会や専門誌等で発表される学術論文、ポスター、講演等は「誘引性」を有さないため、広告に該当しません。

　　ただし、学術論文等を装いつつ、不特定多数にダイレクト
メールで送る等により、実際には患者を誘引する目的であると
認められるものは広告として扱うことが適当とされています。
②　新聞や雑誌等での記事
　　新聞や雑誌等での記事は通常は「誘引性」を有さないた
め、広告に該当しませんが、費用を負担して記事の掲載を依
頼することにより、患者を誘引するいわゆる記事風広告は、
広告規制の対象になります。
③　患者等が自ら掲載する体験談、手記等
　　患者等（患者やその家族等）が実際の体験に基づいて掲載
する体験談や手記等は、あくまで患者等がその医療機関を推
薦したものであり、「誘引性」の要件を満たさないため広告
とはみなされません。
　　ただし、医療機関からの依頼に基づく手記であったり、医
療機関から金銭等の謝礼を受けていたりする場合には「誘引
性」を有するものとして、広告として扱うことが適当とされ
ています。
　　また、医療機関の経営に関与する者の家族等による体験談
や手記等も広告として扱うことが適当とされています。
④　院内掲示、院内で配布するパンフレット等
　　院内掲示、院内で配布するパンフレット等は既に受診して
いる患者等に限定されるため、「誘引性」を満たすものでは
なく、情報提供や広報と解されます。
⑤　医療機関の職員募集に関する広告
　　職員の採用を目的とした求人広告は、医療機関の名称や連
絡先等が記載されていますが、受診を誘引するものではない
ことから「誘引性」を有するものではなく、広告に該当しま
せん。

〔3〕広告規制の対象となるもので広告できるもの

　広告規制の対象となるもので具体例にあげられた方法・媒体で広告できるもの（以下、「広告可能事項」という）は医療法6条の5で下記に限定されています。

①　医師または歯科医師である旨

②　診療科名

③　当該病院または診療所の名称、電話番号および所在の場所を表示する事項ならびに当該病院または診療所の管理者の氏名

④　診療日もしくは診療時間または予約による診療の実施の有無

⑤　法令の規定に基づき一定の医療を担うものとして指定を受けた病院もしくは診療所または医師もしくは歯科医師である場合には、その旨

⑥　第5条の2第1項の認定を受けた医師である場合には、その旨

⑦　地域医療連携推進法人（第70条の5第1項に規定する地域医療連携推進法人をいう。第30条の4第12項において同じ）の参加病院等（第70条の2第2項第2号に規定する参加病院等をいう）である場合には、その旨

⑧　入院設備の有無、第7条第2項に規定する病床の種別ごとの数、医師、歯科医師、薬剤師、看護師その他の従業者の員数その他の当該病院または診療所における施設、設備または従業者に関する事項

⑨　当該病院または診療所において診療に従事する医療従事者の氏名、年齢、性別、役職、略歴その他の当該医療従事者に関する事項であって医療を受ける者による医療に関する適切な選択に資するものとして厚生労働大臣が定めるもの

⑩　患者またはその家族からの医療に関する相談に応ずるため

の措置、医療の安全を確保するための措置、個人情報の適正
な取扱いを確保するための措置その他の当該病院または診療
所の管理または運営に関する事項

⑪　紹介をすることができる他の病院もしくは診療所またはそ
の他の保健医療サービスもしくは福祉サービスを提供する者
の名称、これらの者と当該病院または診療所との間における
施設、設備または器具の共同利用の状況その他の当該病院ま
たは診療所と保健医療サービスまたは福祉サービスを提供す
る者との連携に関する事項

⑫　診療録その他の診療に関する諸記録に係る情報の提供、第
6条の4第3項に規定する書面の交付その他の当該病院また
は診療所における医療に関する情報の提供に関する事項

⑬　当該病院または診療所において提供される医療の内容に関
する事項（検査、手術その他の治療の方法については、医療
を受ける者による医療に関する適切な選択に資するものとし
て厚生労働大臣が定めるものに限る）

⑭　当該病院または診療所における患者の平均的な入院日数、
平均的な外来患者または入院患者の数その他の医療の提供の
結果に関する事項であって医療を受ける者による医療に関す
る適切な選択に資するものとして厚生労働大臣が定めるもの

⑮　その他前各号に掲げる事項に準ずるものとして厚生労働大
臣が定める事項

このように広告可能事項は限られています。

なお、広告規制の対象とならないもので具体例にあげられた方
法・媒体の場合は、そもそも広告ではなく情報提供や広報と解さ
れているので、広告できるものに制限はありません。

〔4〕広告可能事項

　広告可能事項は医療広告ガイドラインでさらに細かく定められています。このうち歯科医院に関係があると思われる広告可能事項をいくつか紹介します。

① 診療科名

　　下記は医療広告ガイドラインで通常考えられる診療科名として例示されているものです。

図表3-2　　診療科名の例

医　科			歯　科
内科	外科	泌尿器科	歯科
呼吸器内科	呼吸器外科	産婦人科	小児歯科
循環器内科	心臓血管外科	産科	矯正歯科
消化器内科	心臓外科	婦人科	歯科口腔
心臓内科	消化器外科	眼科	外科
血液内科	乳腺外科	耳鼻いんこう科	
気管食道内科	小児外科	リハビリテーション科	
胃腸内科	気管食道外科	放射線科	
腫瘍内科	肛門外科	放射線診断科	
糖尿病内科	整形外科	放射線治療科	
代謝内科	脳神経外科	病理診断科	
内分泌内科	形成外科	臨床検査科	
脂質代謝内科	美容外科	救急科	
腎臓内科	腫瘍外科	児童神経科	
神経内科	移植外科	老年精神科	
心療内科	頭頸部外科	小児眼科	
感染症内科	胸部外科	小児耳鼻いんこう科	
漢方内科	腹部外科	小児皮膚科	
老年内科	肝臓外科	気管食道・耳鼻いんこう科	
女性内科	膵臓外科		
新生児内科	胆のう外科	腫瘍放射線科	
性感染症内科	食道外科	男性泌尿器科	

医　科			歯　科
内視鏡内科 人工透析内科 疼痛緩和内科 ペインクリニック内科 アレルギー疾患内科 内科（ペインクリニック） 内科（循環器） 内科（薬物療法） 内科（感染症） 内科（骨髄移植）	胃腸外科 大腸外科 内視鏡外科 ペインクリニック外科 外科（内視鏡） 外科（がん） 精神科 アレルギー科 リウマチ科 小児科 皮膚科	神経泌尿器科 小児泌尿器科 小児科（新生児） 泌尿器科（不妊治療） 泌尿器科（人工透析） 産婦人科（生殖医療） 美容皮膚科 など	

　　上記のほかにも、医療広告ガイドラインには複数の事項を組み合わせた診療科名も例示されていたり、診療科名の組み合わせの表示形式や、広告することができない診療科名の表示についても書かれているので詳しく知りたい方は医療広告ガイドラインをご確認ください。

② 医療従事者の専門性に関する認定を受けた旨

　　これは広告可能事項の「入院設備の有無、第 7 条第 2 項に規定する病床の種別ごとの数、医師、歯科医師、薬剤師、看護師その他の従業者の員数その他の当該病院又は診療所における施設、設備又は従業者に関する事項」のうちの 1 つです。

　　広告することができる専門性資格数や団体数は現在のところ下記のとおりです（2020 年 6 月時点）。

・医　　師　資格名の数 55（団体の数 57）
・歯科医師　資格名の数　5（団体の数　5）

・薬 剤 師　資格名の数　1（団体の数　1）

・看 護 師　資格名の数 27（団体の数　1）

（合　計　　資格名の数 88（団体の数 64））

このうち歯科医師の専門性資格は下記5つです。

団体名	資格名
・公益社団法人　日本口腔外科学会	口腔外科専門医
・特定非営利活動法人　日本歯周病学会	歯周病専門医
・一般社団法人　日本歯科麻酔学会	歯科麻酔専門医
・一般社団法人　日本小児歯科学会	小児歯科専門医
・特定非営利活動法人　日本歯科放射線学会	歯科放射線専門医

◆広告の仕方の具体例

・医師○○○○（○○学会認定○○専門医）

・薬剤師○○○○（○○学会認定○○専門薬剤師）

※専門性の資格は各関係学術団体が認定するものなので、例えば、「厚生労働省認定○○専門医」等は虚偽広告として扱われます。また、単に「○○専門医」との標記も誤解を与えるものとして誇大広告として扱われます。

③ 検査、手術その他の治療の方法

これは広告可能事項の「当該病院又は診療所において提供される医療の内容に関する事項」のうちの1つです。検査、手術その他の治療の方法は以下のア～オのいずれかに該当するものについて広告可能です。

ア）保険診療

保険診療として実施している治療の方法として、診療報酬点数表に規定する療養の実施上認められた手術、処

置等について広告可能です。

　なお、治療方法について、不当に患者を誘引すること
を避けるため、疾病等が完全に治療される旨等その効果
を推測的に述べることは認められません。

◆広告の具体例

> ・PET 検査による癌の検査を実施しております。
> ・白内障の日帰り手術実施。
> ・日曜・祝日も専用の透析室で、人工透析を行っており
> 　ます。
> ・インターフェロンによる C 型肝炎治療を行います。

イ）評価療養、患者申出療養および選定療養

　これは歯科の金合金等、金属床総義歯、予約診療等の
保険外併用療養費のことです。

ウ）分娩（保険診療に係るものを除く）

**エ）自由診療のうち、保険診療または評価療養、患者申出
療養もしくは選定療養（以下、保険診療等という）と同
一の検査、手術その他の治療の方法**

　美容等の目的であるため、公的医療保険が適用されな
い医療の内容であるが、その手技等は、保険診療等と同
一である自由診療については、その検査、手術その他の
治療の方法が広告可能です。

　ただし、「全額自己負担」、「自由診療」等と公的医療
保険が適用されない旨および標準的な費用を併記する必
要があります。

◆広告の具体例

> ・顔のしみ取り
> ・イボ、ホクロの除去

> ・歯列矯正

オ）自由診療のうち医薬品医療機器等法の承認または認証を得た医薬品または医療機器を用いる検査、手術その他の治療の方法

公的医療保険が適用されていない検査、手術その他の治療の方法であるが、医薬品医療機器等法の承認または認証を得た医薬品または医療機器をその承認等の範囲で使用する治療の内容については、広告可能です。

ただし、「全額自己負担」、「自由診療」等と公的医療保険が適用されない旨および標準的な費用を併記する必要があります。

ただし、医師等による個人輸入により入手した医薬品または医療機器を使用する場合には、仮に同一の成分や性能を有する医薬品等が承認されている場合であっても広告はできません。

◆広告の具体例

> ・内服の医薬品による ED 治療
> ・眼科用レーザ角膜手術装置の使用による近視手術の実施

また、治療の方針についても、成功率、治癒率等の治療効果等を説明することなく、広告可能な事項の範囲であれば、広告として記載しても差し支えないとされています。

◆広告の具体例

> ・術中迅速診断を行い、可能な限り温存手術を行います。
> ・手術療法のほかに、いくつかの薬物療法の適用があるので、それぞれのメリット・デメリットを御説明し、話

> し合いの下で治療方針を決定するようにしております。

④ 健康診査の実施

　これは広告可能事項の「その他前各号に掲げる事項に準ずるものとして厚生労働大臣が定める事項」のうちの1つです。

　健康診査の実施については、医師等が診断・治療を目的とした通常の診療とは別に、その有する医学的知識を用いて健康診査を行うことを意味するものであり、また、実施する健康診査の種類を併せて示しても差し支えないとされています。

　「乳幼児健診」、「胃がん検診」、「肝炎ウイルス検診」等、対象者や部位を付記するものや「一日総合健康診査」、「半日人間ドック」等と広告しても差し支えないとされています。ただし、広告可能な健康診査は、感染症予防法、労働安全衛生法等に基づく健康診断、高齢者の医療の確保に関する法律に基づく医療等以外の保健事業としての健康診査、保険者からの委託に基づく健康診断等の公的な健康診査としても実施されているものとし、「遺伝子検査」、「アンチエイジングドック」等、現時点で医学的・社会的に様々な意見があり、広く定着していると認められないものについては、広告対象としては認められていません。

⑤ 保健指導または健康相談の実施

　これも広告可能事項の「その他前各号に掲げる事項に準ずるものとして厚生労働大臣が定める事項」のうちの1つです。

　保健指導または健康相談の実施については、主として予防的なものであって、医師等が診断・治療を目的とした通常の診療とは別に、その有する医学的知識を用いて相談者に対し健康の保持増進のための日常生活上の指導等を行うことを意

味するものであり、「がんに関する健康相談」、「生活習慣病
に関する健康相談」、「歯の健康相談」、「乳幼児保健指導」、
「禁煙指導」等、対象者や指導対象を付記することも差し支
えないとされています。

〔5〕 禁止される広告

① 虚偽広告

　医療法6条の5第1項は「虚偽の広告をしてはならない。」
と規定しており、広告に示された内容が虚偽である場合は、
罰則付き（6月以下の懲役または30万円以下の罰金）で禁
じられています。

◆虚偽広告の具体例

> ・絶対安全な手術です！
> ・「どんなに難しい症例でも必ず成功します」
> 　※絶対安全な手術等は、医学上あり得ないので、虚偽広告
> 　　として扱われます。
> ・厚生労働省の認可した○○専門医
> 　※専門医の資格認定は、学会が実施するものであり、厚生
> 　　労働省が認可した資格ではありません。
> ・加工・修正した術前術後の写真等の掲載
> 　※あたかも効果があるかのように見せるため加工・修正し
> 　　た術前術後の写真等については、虚偽広告として取り扱
> 　　われます。
> ・「一日で全ての治療が終了します」（治療後の定期的な処置
> 　等が必要な場合）
> 　※治療後の定期的な処置等が必要であるにもかかわらず、

全ての治療が一日で終了するといった内容の表現を掲載している場合には、内容が虚偽広告として取り扱われます。
・「○％の満足度」（根拠・調査方法の提示がないもの）
　※データの根拠（具体的な調査の方法等）を明確にせず、データの結果と考えられるもののみを示すものについては、虚偽広告として取り扱われます。
・「当院は、○○研究所を併設しています」（研究の実態がないもの）

② 比較優良広告

　医療法6条の5第2項第1号は「他の病院又は診療所と比較して優良である旨の広告をしないこと。」と規定しており、自らの病院等が他の医療機関よりも優良である旨を広告することは禁止されています。
　なお、虚偽広告と違い比較優良広告に罰則はありません。

◆比較優良広告の具体例

・肝臓がんの治療では、日本有数の実績を有する病院です。
・当院は県内一の医師数を誇ります。
・本グループは全国に展開し、最高の医療を広く国民に提供しております。
・「芸能プロダクションと提携しています」
・「著名人も○○医師を推薦しています」
・著名人も当院で治療を受けております。

③ 誇大広告

　医療法6条の5第2項第1号は「誇大な広告をしないこと。」と規定しており、事実を不当に誇張して表現していた

り、人を誤認されたりする広告は禁止されています。

　誇大広告も罰則はありません。

◆誇大広告の具体例

・知事の許可を取得した病院です！（「許可」を強調表示する
　事例）

　※病院が都道府県知事の許可を得て開設することは、法に
　　おける義務であり当然のことであり、誇大広告として扱
　　われます。

・医師数○名（○年○月現在）

　※示された年月の時点で事実であれば問題ありませんが、
　　その後の状況の変化により、医師数が大きく減少した場
　　合には、誇大広告として扱われます。

・（美容外科の自由診療の際の費用として）顔面の○○術１カ
　所○○円

　※例えば、大きく表示された値段は５カ所以上同時に実施
　　したときの費用であり、１カ所のみの場合等には倍近い
　　費用がかかる場合等は、たとえ小さな文字で注釈が付さ
　　れていたとしても誇大広告として扱われます。

・「○○学会認定医」（活動実態のない団体による認定）

・「○○協会認定施設」（活動実態のない団体による認定）

　※客観的かつ公正な一定の活動実績が確認される団体によ
　　るものを除き、医療機関関係者自身が実質上運営してい
　　る団体や活動実態のない団体などによる資格認定や施設
　　認定を受けた旨については、誇大広告として扱われます。

・「○○センター」（医療機関の名称または医療機関の名称と
　併記して掲載される名称）

　※医療機関の名称として、または医療機関の名称と併せて、
　　「○○センター」と掲載することについては、救命救急セ

ンター・休日夜間急患センター等一定の医療を担う医療
機関である場合等に限られ、それ以外は誇大広告として
扱われます。

　ただし、医療機関が提供する医療の一部を担当する部門
名として患者向けに院内掲示しているものをそのまま
ウェブサイトに掲載している場合等には、原則として誇
大広告には該当しません。

・手術や処置等の効果または有効性を強調するもの
　※撮影条件や被写体の状態を変えるなどして撮影した術前
　　術後の写真等をウェブサイトに掲載することは、不当に
　　誘引するおそれがあることから、誇大広告として扱われ
　　ます。

・比較的安全な手術です。

・伝聞や科学的根拠に乏しい情報の引用

・「○○の症状のある二人に一人が○○のリスクがあります」

・「こんな症状が出ていれば命にかかわりますので、今すぐ受
　診ください」

・「○○手術は効果が高く、おすすめです。」

・「○○手術は効果が乏しく、リスクも高いので、新たに開発
　された○○手術をおすすめします」

④ 患者等の主観に基づく体験談

　医療法施行規則１条の９第１号は「患者その他の者の主観
又は伝聞に基づく、治療等の内容又は効果に関する体験談の
広告をしてはならないこと。」と規定しており、医療機関
が、患者自身の体験や家族等からの伝聞に基づく主観的な体
験談を紹介することは禁止されています。

　広告規制の対象とならないものの具体例にある「患者等が

自ら掲載する体験談、手記等」との違いは、医療機関が設置・管理・運営する広告媒体で患者体験談として紹介しているかどうかです。

　したがって、患者自身が運営するウェブサイト、SNS の個人のページや第三者が運営する口コミサイト等への体験談の掲載は、医療機関が広告料等の費用負担等の便宜を図って掲載を依頼している場合を除き、広告には該当しません。

⑤ 術前術後の写真（ビフォーアフター写真）

　医療法施行規則 1 条の 9 第 2 号は、「治療等の内容又は効果について、患者等を誤認させるおそれがある治療等の前又は後の写真等の広告をしてはならないこと。」と規定しており、加工・修正した術前術後の写真等（ビフォーアフター写真）は禁止されています。

　ただし、加工・修正していない術前または術後の写真に通常必要とされる治療内容、費用等に関する事項や、治療等の主なリスク、副作用等に関する事項等の詳細な説明を付した場合は広告可能です。

⑥ 専門外来等

　上記以外にも医療広告ガイドラインでは専門外来や未承認医薬品による治療の内容についても広告を禁止しています。

◆広告の具体例

・専門外来
※専門外来については、広告が可能な診療科名と誤認を与える事項であり、広告可能な事項ではありません。
　ただし、保険診療や健康診査等の広告可能な範囲であれば、例えば、「糖尿病」、「花粉症」、「乳腺検査」等の特定

　　の治療や検査を外来の患者に実施する旨の広告は可能で
　　あり、専門外来に相当する内容を一律に禁止するもので
　　はありません。
・未承認医薬品（海外の医薬品やいわゆる健康食品等）によ
　る治療の内容
※治療の方法については、広告告示で認められた保険診療
　　で可能なものや医薬品医療機器等法で承認された医薬品
　　による治療等に限定されており、未承認医薬品による治
　　療は、広告可能な事項ではありません。

⑦ 品位を損ねる内容の広告

　　医療広告ガイドラインでは費用を強調した広告や提供され
る医療の内容と直接関係ない事項による誘引も、医療に関す
る広告として適切ではなく、厳に慎むべきものとしていま
す。

◆費用を強調した広告の具体例

・今なら○円でキャンペーン実施中！
・「ただいまキャンペーンを実施中」
・「期間限定で○○療法を 50％オフで提供しています」
・「○○ ~~100,000 円~~　50,000 円」
・「○○治療し放題プラン」

◆提供される医療の内容と直接関係ない事項による誘引の具体例

・「無料相談をされた方全員に○○をプレゼント」

〔6〕広告可能事項限定の解除

　2018 年 5 月 31 日以前は、「当然病院等の情報を得ようとの目的を有する者が、URL を入力したり、検索サイトで検索した上で、閲覧するものであり、従来より情報提供や広報として扱ってきており、引き続き、原則として広告とはみなさない」（旧医療広告ガイドラインより）として広告規制の対象外でしたが、2018年 6 月 1 日以降はウェブサイトも広告規制の対象になりました。

　しかし、ウェブサイトのすべてが広告規制の対象になったわけではありません。

　医療広告ガイドラインは「医療機関のウェブサイト等についても、他の広告媒体と同様に規制の対象とし、虚偽又は誇大等の表示を禁止し、是正命令や罰則等の対象とすることとした。その際、医療機関のウェブサイト等についても、他の広告媒体と同様に広告可能事項を限定することとした場合、詳細な診療内容など患者等が求める情報の円滑な提供が妨げられるおそれがあることから、一定の条件の下に広告可能事項の限定を解除することとしている。」と書かれています。

　具体的には以下の①〜④のいずれも満たしている場合は広告規制の対象から除外されます。

　ただし、③および④については自由診療について情報を提供する場合に限ります。

---

①　医療に関する適切な選択に資する情報であって患者等が自ら求めて入手する情報を表示するウェブサイトその他これに準じる広告であること

②　表示される情報の内容について、患者等が容易に照会ができるよう、問い合わせ先を記載することその他の方法により

明示すること
③　自由診療に係る通常必要とされる治療等の内容、標準的な
費用、治療期間および回数に関する事項について情報を提供
すること
④　自由診療に係る治療等に係る主なリスク、副作用等に関す
る事項について情報を提供すること

　なお、インターネット上のバナー広告、あるいは検索サイト上
で、例えば「癌治療」を検索文字として検索した際に、スポン
サーとして表示されるものや検索サイトの運営会社に対して費用
を支払うことによって意図的に検索結果として上位に表示される
状態にしたものなどは、①に該当せず、広告規制の対象となりま
す。

〔7〕 医療広告規制のまとめ

　医療広告規制の区分をわかりやすくまとめたものが下図です。

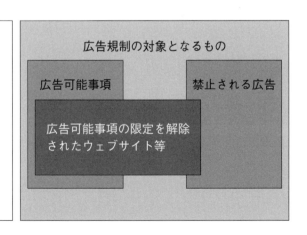

　そもそも広告規制の対象とならないものは医療広告ガイドラインは関係ありません。

　また、広告可能事項の限定を解除されたウェブサイト等は、禁止されている虚偽広告、比較優良広告、誇大広告、体験談等を除き一定の条件の下で広告が可能です。

　特にウェブサイトについては広告可能事項なのか、広告可能事項の限定を解除されたものなのか、禁止される広告なのかとてもわかりづらいので、次項でさらに詳しく解説します。

Ⅱ ウェブサイト広告規制への対応

〔1〕医療機関ネットパトロール

　歯科医院のウェブサイトに対する広告規制について、必ず知っておかなければならないことがあります。それは、2017年8月24日から開始された医療機関ネットパトロールという医療広告規制に違反していないか監視する制度です。この制度は監視するだけでなく、医療広告ガイドラインの疑いがあるウェブサイトの情報を誰でも簡単に通報することができます。

図表3−3　　医療広告の監視指導体制強化について

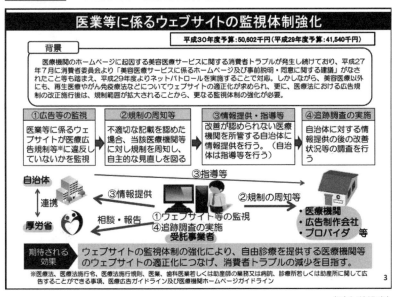

（厚生労働省）

図表3-4　医療機関ネットパトロール　通報フォーム

下記のフォームに記入してください。URLが複数ある場合は、「サイト中の気になる表示とその理由」欄に入力してください。「医療機関名」が不明の場合は空欄で送付してください。

医療機関名（または店名・ウェブサイト名） 必須

上記機関の所在地 必須

| -- | |

※その他・不明の場合は、最下部の「その他・不明」を選択してください。

カテゴリー・ジャンル等 必須

● 医療機関（美容）　○ 医療機関（歯科）　○ 医療機関（ガン）　○ 医療機関（医療その他）　○ 医薬品

○ 健康食品・サプリメント等　○ 整骨院・整体・鍼灸等　○ 口コミサイト・ランキングサイト・まとめサイト等

○ ブログ・SNS　○ その他

トップページのURL 必須

| http:// |

特に気になるページのURL

| http:// |

サイト中の気になる表示とその理由（最大400文字） 必須

（http://iryoukoukoku-patroll.com/）

　通報フォームに通報先の医療機関名やURLなどを入力するだけです。通報者の氏名や連絡先を入力する必要はありません。

　厚生労働省は医療機関ネットパトロールを民間法人に委託しています。2019年5月までは一般財団法人日本消費者協会に委託していましたが、2019年6月から委託先がデロイトトーマツコンサルティング合同会社に変更されました。これは2019年2月に医業等に係るウェブサイトの調査・監視体制強化事業について一般競争入札（総合評価落札方式）が行われ、その結果としてデロイトトーマツコンサルティング合同会社に決まったからです。

　厚生労働省が民間法人に委託している事業はほかにもありますが、定期的に入札をしているようなので、医療機関ネットパトロールの委託先が別の民間法人に変わることはあり得ます。

　問題なのは一般財団法人日本消費者協会から注意喚起を受けてウェブサイトを改善した医療機関にも、再びデロイトトーマツ

コンサルティング合同会社から注意喚起を受けたケースがある点です。医療広告ガイドラインに変更はなくても委託先が変わると注意喚起の内容も微妙に変わるようです。このように一度注意喚起を受けて改善したウェブサイトであっても再び注意喚起を受ける可能性は十分にあるので常に気を付けてください。

　なお、注意喚起は次ページのような書面が歯科医院に送られてきます。注意喚起の書面が届いたときは、必ずウェブサイトを改善してください。

　通知の約１カ月後に調査・監視体制強化事業受託者（現在はデロイトトーマツコンサルティング合同会社）が改善状況等を確認するようですが、その時に改善が認められない場合は所管する自治体に情報提供することになっているので、絶対に無視はしないでください。

　ところで、ウェブサイトの作成は医療広告ガイドラインのことをよく理解している業者に依頼すべきです。つい先日も、医療機関専門の広告会社と自称しているところが作成したウェブサイトを見ましたが、医療広告ガイドラインに反しており、調査・監視体制強化事業受託者が見たら間違いなく注意喚起を受ける内容でした。

　これからの歯科医院のウェブサイトは、見た目の綺麗さやSEO対策だけでなく、広告規制にも対応したウェブサイトでなければなりません。

図表 3-5　ウェブサイトに関する注意喚起について

別添 1

2019 年 x 月 x 日

〇〇クリニック　殿

貴医療機関のウェブサイトに関する注意喚起について

厚生労働省医政局総務課

　平素より厚生労働行政の推進についてご理解を賜り厚く御礼申し上げます。

　現在、当省は「医業等に係るウェブサイトの調査・監視体制強化事業」において、医療機関のウェブサイト等の適正化に向けて監視を行っております。

　このたび、貴医療機関のウェブサイトについて、当省より示している「医業若しくは歯科医業又は病院若しくは診療所に関する広告等に関する指針（医療広告ガイドライン）」に抵触する内容が発見されたことから、医療広告ガイドラインを周知するために本状を送付することといたしました。

　つきましては、本状の内容についてご確認の上、適切な対応をお願いいたします。

　なお、本状到達後 1 か月を目途として改善状況の確認を実施いたします。改善が認められない場合については、違反の状況を勘案して都道府県等に対する情報提供を実施することがあることを予めご了知ください。

　ご不明の点がありましたら、下記の問い合わせ先までメールにてご連絡をいただきますようお願いいたします。

医療機関の名称	〇〇クリニック
所在地	〒160-0021 東京都新宿区・・・・
電話番号	03-5155-・・・
当該事案の最終確認日	2019 年 x 月 x 日
医療広告ガイドラインに抵触している内容	「医業若しくは歯科医業又は病院若しくは診療所に関する広告等に関する指針（医療広告ガイドライン）」に照らして、別紙 1 の内容において抵触が確認されました。（別紙 1 を参照のこと。）

　別紙 1 の内容以外についても合わせてご確認いただき、医療広告ガイドラインを踏まえたご対応をお願いします。

　（医療広告ガイドライン及び Q＆A の掲載場所）

　　厚生労働省ホーム＞政策について＞分野別の政策一覧＞健康・医療＞医療＞医療法における病院等の広告規制について

　【医療広告ガイドライン　ダウンロード先】
　　https://www.mhlw.go.jp/file/06-Seisakujouhou-10800000-Iseikyoku/0000209841.pdf

　【医療広告ガイドラインに関する Q＆A　ダウンロード先】
　　https://www.mhlw.go.jp/content/000371812.pdf

　　　【問い合わせ先】（医業等に係るウェブサイトの調査・監視体制強化事業受託者）
　　　　デロイト トーマツ コンサルティング合同会社　パブリックセクター
　　　　医業等に係るウェブサイトの調査・監視体制強化事業担当
　　　　E-Mail：jpdtcmhlwpatrolr@tohmatsu.co.jp
　　※ 電話・郵送での問合せは受け付けておりませんので、メールにてお願いいたします。
　　　　恐れ入りますが、ご理解の程お願いいたします。

案件番号　：xxxxxxx

（厚生労働省）

〔2〕 自由診療に関する注意喚起

　歯科医院のウェブサイトについて、調査・監視体制強化事業受託者から注意喚起を受ける可能性がもっとも高いのは、自由診療だと思います。注意喚起を受けた場合、前項で解説した「禁止される広告」「広告可能事項」「広告可能事項の限定を解除されたウェブサイト等」のどれに該当するかにより対応が異なってきます。

① 禁止される広告

　ウェブサイトに自由診療について掲載している歯科医院が注意喚起を受けやすいのが、「キャンペーン」や「プレゼント」です。

　キャンペーンは費用を強調した広告に該当し、プレゼントは提供される医療の内容と直接関係ない事項による誘引に該当するので、これらに関する文章はすべて削除してください。

　なお、ウェブサイトは広告規制の対象なので、キャンペーンやプレゼントの案内は禁止されていますが、広告規制の対象とならない院内掲示物等であれば患者に案内することができます。キャンペーンやプレゼントの案内はすべて禁止だと思い込んでいる方もいるようですが、医療広告規制の区分をしっかり把握したうえで判断してください。

② 広告可能事項

　自由診療でも「保険診療又は評価療養、患者申出療養若しくは選定療養と同一の検査、手術その他の治療の方法」と「自由診療のうち医薬品医療機器等法の承認又は認証を得た医薬品又は医療機器を用いる検査、手術その他の治療の方

法」であれば、「全額自己負担」、「自由診療」等と公的医療
保険が適用されない旨および標準的な費用を併記することで
広告は可能です。

　歯科医院が調査・監視体制強化事業受託者からウェブサイ
トに掲載している自由診療について注意喚起を受ける場合、
ほとんどは「全額自己負担」、「自由診療」等と公的医療保険
が適用されない旨および標準的な費用を併記していないこと
が原因です。

③ 広告可能事項の限定を解除されたウェブサイト等

　上記②との違いは、医薬品医療機器等法の承認または認証
を得た医薬品または医療機器を用いる検査、手術その他の治
療の方法かどうかです。

　歯科医院でも未承認医薬品や未承認医療機器を使用した検
査等（以下、「未承認医薬品等」という）を行うことがあり
得ます。未承認医薬品等は禁止される広告に含まれています
が、自由診療に係る通常必要とされる治療等の内容、標準的
な費用、治療期間および回数、治療等に係る主なリスク、副
作用等に関する事項について情報を提供することを条件に広
告可能事項の限定が解除され、ウェブサイト等への広告が可
能になります。

　なお、医療広告ガイドラインには入手経路等の明示が必要
とは書かれていませんが、医療広告ガイドラインに関する
Q&A（平成 30 年 8 月作成。以下同じ）には下記のように書
かれているので、未承認医薬品等についてウェブサイトで広
告する場合は入手経路等の明示も必要になります。

図表 3−6　　医療広告ガイドラインに関する Q&A

Q2−13　未承認医薬品、医療機器を用いた治療については、広告可能でしょうか。（P.6, 10, 11, 25, 26, 32）

A2−13　わが国の医薬品、医療機器等の品質、有効性及び安全性の確保等に関する法律（以下「医薬品医療機器等法」という。）において、承認等されていない医薬品・医療機器、あるいは承認等された効能・効果又は用法・用量が異なる医薬品・医療機器（以下「未承認医薬品等」という。）を用いた治療について、限定解除の要件を満たしたと判断される場合には、広告可能です。

　　　ただし、国内で承認されていない未承認医薬品等を自由診療に使用する場合は、医療広告ガイドラインに記載された限定解除の要件として、具体的には、以下のような内容を含む必要があります。

（未承認医薬品等であることの明示）
・　用いる未承認医薬品等が、医薬品医療機器等法上の承認を得ていないものであることを明示すること。

（入手経路等の明示）
・　医師等の個人輸入による未承認医薬品等を用いる場合は、その旨を明記すること。また、同一の成分や性能を有する国内承認された医薬品等があり、その効能・効果で用いる場合であっても、入手経路について明示すること。個人輸入等により入手した場合は、その旨を明示すること。合わせて、厚生労働省ホームページに掲載された「個人輸入において注意すべき医薬品等について」のページ（※）を情報提供すること。

（※）https://www.yakubutsu.mhlw.go.jp/individualimport/
healthhazard/

（国内の承認医薬品等の有無の明示）
- 同一の成分や性能を有する他の国内承認医薬品等の有無を記載し、その国内承認医薬品等に流通管理等の承認条件が課されている場合には、その旨を記載すること。

（諸外国における安全性等に係る情報の明示）
- 当該未承認医薬品等が主要な欧米各国で承認されている場合は、各国の添付文書に記載された重大な副作用やその使用状況（承認年月日、使用者数、副作用報告等）を含めた海外情報についても、日本語で分かりやすく説明すること。
- 主要な欧米各国で承認されている国がないなど、情報が不足している場合は、重大なリスクが明らかになっていない可能性があることを明示すること。

（厚生労働省）

〔3〕自由診療以外に関する注意喚起

　歯科医院のウェブサイトについて、自由診療以外について調査・監視体制強化事業受託者から注意喚起を受けやすいものをいくつか紹介します。注意喚起を受けた場合、自由診療と同様に「禁止される広告」「広告可能事項」「広告可能事項の限定を解除されたウェブサイト等」のどれに該当するかにより対応が異なってきます。

① 著名人に関する広告

　著名人が受診したことや、テレビ・雑誌等で著名人の取材を受けたことをウェブサイトに掲載していると注意喚起を受けます。比較優良広告に該当するからです。

　医療広告ガイドラインには、「著名人との関連性を強調するなど、患者等に対して他の医療機関より著しく優れているとの誤認を与えるおそれがある表現は、患者等を不当に誘引するおそれがあることから、比較優良広告として取り扱うこと。」と書かれています。

　ところで、誤解されやすいのは「雑誌や新聞で紹介された旨の記載」です。

　医療広告ガイドラインでは「雑誌や新聞で紹介された旨の記載」は暗示的または間接的な表現の扱いに該当するので広告可能な事項ではないとしていますが、禁止される広告には含まれていません。

　したがって、広告可能事項の限定を解除されたウェブサイト等であれば、「雑誌や新聞で紹介された旨の記載」は広告は可能です。ウェブサイト等に「雑誌や新聞で紹介された旨の記載」を掲載できるかどうかは比較優良広告に該当するかどうかで判断してください。

② ○○センターの広告

　歯科医院で多いのは、インプラントセンターですが、インプラントセンターは広告できないと思い込んでいる方がいるようです。しかし、下記のような表記方法であれば広告は可能です。

> **例　新宿御苑インプラントセンター**
>
> 新宿御苑インプラントセンターは部門名として院内掲示
> している名称です。

　医療広告ガイドラインには、「ただし、医療機関が提供す
る医療の一部を担当する部門名として患者向けに院内掲示し
ているものをそのままウェブサイトに掲載している場合等に
は、原則として誇大広告には該当しません。」ときちんと明
記されています。

③ ○○学会認定医

　歯科医院で広告可能な専門性資格は下記 5 つしかありま
せん。

団体名	資格名
・公益社団法人　日本口腔外科学会	口腔外科専門医
・特定非営利活動法人　日本歯周病学会	歯周病専門医
・一般社団法人　日本歯科麻酔学会	歯科麻酔専門医
・一般社団法人　日本小児歯科学会	小児歯科専門医
・特定非営利活動法人　日本歯科放射線学会	歯科放射線専門医

　このため上記以外の団体の認定医や専門医は、ウェブサイ
トでも広告できないと思い込んでいる方がいるようですが、医
療広告ガイドラインの誇大広告には次のように書かれています。

「○○学会認定医」（活動実態のない団体による認定）
「○○協会認定施設」（活動実態のない団体による認定）
　➡ 客観的かつ公正な一定の活動実績が確認される団体に
　　よるものを除き、当該医療機関関係者自身が実質上運
　　営している団体や活動実態のない団体などによる資格

認定や施設認定を受けた旨については、国民・患者を不当に誘引するおそれがあり、誇大広告として扱うべきであること。

　つまり、客観的かつ公正な一定の活動実績が確認される団体であれば広告は可能です。ただし、「広告可能事項」ではなく「広告可能事項の限定を解除されたウェブサイト等」に該当するので、ウェブサイト等への広告のみ可能となります。
　実際に医療広告ガイドラインに関するQ&Aに次のように書かれています。

図表3-7　医療広告ガイドラインに関するQ&A

Q3-5　医師等の専門性に関する資格名は、広告可能でしょうか。(P.21)

A3-5　「広告可能な医師等の専門性に関する資格名等について」（平成25年5月31日付けの医政総発0531第1号医政局総務課長通知）において広告が可能となっている資格名等について広告可能です。なお、広告に当たっては、「医師○○○○（××学会認定××専門医）」のように、認定団体の名称を資格名とともに示す必要があります。
　また、専門性の資格については、各関係学術団体により認定されるものですので、例えば、「厚生労働省認定○○専門医」等の標記は虚偽広告、単に「○○専門医」との標記は誤解を与えるものとして誇大広告に該当するため、広告できません。
　ただし、認定医や指導医などについて、患者等が自ら求めて入手する情報を表示するウェブサイトなどに

> ついては、広告可能事項の限定解除要件を満たした場合には、広告可能事項の限定を解除可能です。
>
> 　なお、研修を受けた旨や専門性に関する医療広告の取り扱いについては、今後、検討予定です。（関連：Q2-21、Q3-6、Q3-7）

（厚生労働省）

　なお、○○学会認定医に対する広告可能事項の限定解除要件は下記2つのみです。

　　ア　医療に関する適切な選択に資する情報であって患者等が自ら求めて入手する情報を表示するウェブサイトその他これに準じる広告であること

　　イ　表示される情報の内容について、患者等が容易に照会ができるよう、問合先を記載すること

Ⅲ 特定商取引・景表法の規制、消費生活センターへの相談事例

　歯科医院の広告は、医療法に基づく広告規制以外でも規制される場合があります。

　医療広告ガイドラインにも、消費者行政機関等と連携して「医療に関する広告に関する住民からの苦情は、管内を所管する消費生活センター等の消費生活相談窓口に寄せられることもあるので、苦情・相談の状況について、定期的に情報交換する等、消費者行政機関との連携に努め、違反が疑われる広告等に関する情報を入手した際には、必要な措置を講じられたい。」と書かれています。

〔1〕 景表法

　景表法は、正式には「不当景品類及び不当表示防止法」といいます。

　消費者なら、誰もがより良い商品やサービスを求めます。ところが、実際よりも良く見せかける表示が行われたり、過大な景品付き販売が行われたりすると、それにつられて消費者が実際には質の良くない商品やサービスを買ってしまい不利益を被るおそれがあります。

　景表法は、商品やサービスの品質、内容、価格等を偽って表示を行うことを厳しく規制するとともに、過大な景品類の提供を防ぐために景品類の最高額を制限することなどにより、消費者がより良い商品やサービスを自主的かつ合理的に選べる環境を守るためにある法律です。

　そして歯科医院も景表法でいう「事業者」に該当するので、当

然、歯科医院が行うインターネット上の広告も景表法の規制対象
となります。

　景表法が定める不当表示には大きく分けて「優良誤認表示」、
「有利誤認表示」、「その他誤認されるおそれのある表示」の3つ
に分けることができます。

　優良誤認表示とは、品質、規格、その他の内容について著しく
優良であると誤認される表示のことです。

　有利誤認表示とは、価格や取引条件に関して、著しく有利であ
ると誤認される表示のことです。その他誤認されるおそれのある
表示とは、優良誤認表示および有利誤認表示のほか、一般消費者
に誤認されるおそれがある表示のことです。

　実際に、有利誤認表示で歯科医院の歯例矯正のウェブサイト広
告に対して景表法措置命令が出たことがあります。

　医療広告ガイドラインには、医療法違反となる虚偽広告および
誇大広告等については、実際のもの等よりも著しく優良であると
示すことにより、一般消費者による自主的かつ合理的な選択を阻
害するおそれがあると認められる場合には、同時に景表法に違反
する可能性が非常に強いと書かれているので注意が必要です。

図表3−8　　景品表示法の概要について

（消費者庁）

〔2〕医薬品医療機器等法

　医薬品医療機器等法は、医薬品・医療機器等の有効性・安全性を確保するため、製造から販売、市販後の安全対策まで一貫した規制を行っています。

　医療広告ガイドラインには医療に関する広告として、医薬品または医療機器による診断や治療の方法等を広告する際には、医療行為として医薬品等を使用または処方する旨であれば医薬品医療機器等法の規制の対象とならないが、医薬品等を販売または無償での授与をする旨が記載された広告であれば、医薬品医療機器等法の規制の対象も受けると書かれています。

　例えば、歯科医院は窓口で歯ブラシや歯磨き粉等を販売しているところは多いと思います。歯磨き粉は医薬部外品と第3類医薬

品のものがありますが、第3類医薬品のものを窓口で販売するには医薬品販売業の許可が必要であり、許可なく販売すると医薬品医療機器等法に違反する可能性があります。

　さらに注意しなければならないのは、個人輸入した海外製の歯磨き粉を販売している場合です。輸入した歯磨き粉がたとえ医薬部外品だとしても、自ら輸入した医薬部外品を販売する場合は、医薬部外品製造販売業許可が必要です。

　したがって、第3類医薬品や自ら輸入した医薬部外品を販売していることをウェブサイトで広告していると医薬品医療機器等法に基づく指導を受ける可能性があります。

〔3〕第3類医薬品等の交付

　医療広告規制とは直接の関係はありませんが、販売ではなく交付という方法もあるので紹介します。

　交付という方法であれば、医薬品販売業の許可を取らずに第3類医薬品や自ら輸入した医薬部外品を患者に譲渡（販売）することが可能になります。

　厚生労働省は2015年6月に出した「保険医療機関におけるコンタクトレンズ等の医療機器やサプリメント等の食品の販売について」という通知に「保険医療機関においてコンタクトレンズ等を交付するにあたっての取扱いを下記のとおりとする」と書いています。

　高度管理医療機器であるコンタクトレンズの販売には、医薬品医療機器等法に基づく許可が必要ですが、交付であれば許可を得ることなくコンタクトレンズを患者に譲渡（販売）できるのです。

　したがって、下記の要件を満たせば第3類医薬品や自ら輸入した医薬部外品も交付が可能になります。

◆交付の要件

> ①　当該保険医療機関においてコンタクトレンズ等の交付を受けることについて、患者の選択に資するよう、当該保険医療機関外の販売店から購入もできること等について説明し、同意を確認のうえ行うこと。ただし、この同意の確認は必ずしも同意書により行う必要はなく、口頭説明により確認する方法で差し支えない。
> ②　患者から徴収するコンタクトレンズ等の費用は社会通念上適当なものとすること。
> 　　その際、保険診療の費用と区別した内容のわかる領収証を発行すること。

〔4〕健康増進法

　健康増進法は、国民の健康の増進や生活習慣の改善などを目的としており、「何人も、食品として販売に供する物に関して広告その他の表示をするときは、健康の保持増進の効果その他内閣府令で定める事項について、著しく事実に相違する表示をし、又は著しく人を誤認させるような表示をしてはならない。」としています。

　医療広告ガイドラインには、健康増進法に関する規定は重畳的に適用され得るものであるので、医療法に違反または違反が疑われる広告等が、同時に関係法令に違反していることが疑われる場合については、違反が疑われる法令の主管課室がそれぞれ連携しながら指導・処分等を行うなど、所要の取組を効果的に行われたいと書かれています。よって、健康食品（特定保健用食品（いわゆるトクホ）、栄養機能食品、特定用途食品）を扱っている歯科医院は注意が必要です。

　なお、サプリメントは栄養補助食品や健康補助食品と呼ばれて

いますが、どちらかというと医薬品医療機器等法との関連を注意すべきです。

〔5〕特定商取引法

　医療広告ガイドラインでは触れられていませんが、特定商取引法も歯科医院に無関係ではありません。

　特定商取引法は、事業者による違法・悪質な勧誘行為等を防止し、消費者の利益を守ることを目的とする法律です。具体的には、訪問販売や通信販売等の消費者トラブルを生じやすい取引類型を対象に、事業者が守るべきルールと、クーリング・オフ等の消費者を守るルール等を定めています。

　この特定商取引法が改正され、2017年12月から美容医療契約として「歯牙を漂白するための医学的処置」（ホワイトニング）も特定継続的役務提供に追加されました。特定継続的役務提供とは、一定期間以上有償（1月超かつ5万円超）で継続的に提供される特定の役務で、特定継続的役務提供に該当すると契約する前に中途解約やクーリング・オフに関する事項などを記載した書面の交付が義務となります。医療法では中途解約に関するルールはありませんが、特定継続的役務提供は、法定の書面交付を受けた日から起算して8日以内であれば、消費者は事業者に対して、書面により契約の解除（クーリング・オフ）をすることができます。

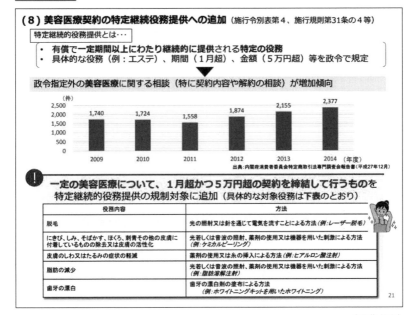

図表3-9　平成28年改正特定商取引法について

（消費者庁）

〔6〕消費生活センター等への苦情・相談

　医療広告ガイドラインには「医療に関する広告に関する住民からの苦情は、管内を所管する消費生活センター等の消費生活相談窓口に寄せられることもある」と書いてあるように、実際に歯科医院に関する苦情や相談はあります。独立行政法人国民生活センターのウェブサイトにある消費生活相談データベースで商品・サービスを「歯科治療」で集計したところ、下記のような集計結果となりました。

図表 3-10　　「消費生活相談データベース」集計結果

商品・サービス（小分類）	受付年度						
	2015年度	2016年度	2017年度	2018年度	2019年度	2020年度	合計
歯科治療	3,179	2,952	2,993	2,979	3,207	351	15,661
合計	3,179	2,952	2,993	2,979	3,207	351	15,661

（独立行政法人国民生活センター）

　歯科治療に関する苦情や相談だけで毎年 3,000 件近くもあることがわかります。このうち 2019 年度に「国民生活センター」で受け付けた事例をいくつか紹介します。

　歯科医院にとって気分のよくない事例が多いと思いますが、苦情や相談に耳を傾けることは大切なことだと思います。

1　歯科クリニックの保険診療点数計算や医師の態度に問題がある。今後の計算方法や治療方針について確認できる窓口はないか。

2　歯の短期根管治療を自由診療で受けたが鈍痛等がある。治療が良くなかったと思うのだが再度費用を支払い受診するよう言われ不満だ。

3　インプラント埋入手術時、学会認定医が担当すると思っていたら新人歯科医師が担当した。手術自体に問題はないがやり直してほしい。

4　全額前払いで 6 年以上歯列矯正とインプラント等の治療を受けていた歯科が、治療途中なのに診療拒否をする。どうすればよいか。

5　インプラント治療を受け、出来栄えに不満だが、歯科医師が落ち度を認めない。他でやり直ししたいので返金してほしい。

6　10 数年前にインプラントを入れ、数年後に折れ、入れなおした。約 1 年前に入れたがまた折れた。商品か施術に瑕

　疵があるのではないか。

7　矯正歯科で治療費の半額を支払い治療を開始した。しかし
　遠方へ移動することになったので既払い分から未治療分を
　返金してほしい。

8　未成年の娘が歯の矯正治療を始めたが、歯科医師の態度や
　治療方針に納得できない。今まで払ったお金を返してほし
　い。

9　歯科矯正ができるかレントゲンを撮った。矯正に問題ない
　と言われた後、オプション矯正を勧められた。最初の診断
　時に説明すべきだ。

10　奥歯のかぶせが取れたので歯科医院に行った。痛みがひど
　く治療が納得できない。別の歯科医にかかった費用を請求
　したい。

11　歯科治療で治療の必要がない歯の神経を抜かれた。医療相
　談窓口を紹介してほしい。

12　歯科医院で入れたブリッジやかぶせ物がこの 10 カ月間で
　何回も外れる。やり直しても外れるので返金を求めたい。

13　審美歯科と矯正歯科連携で治療するはずが矯正歯科で進め
　られ意図しない結果となった。納得できない。

14　インプラント治療後のメンテナンス中、歯科衛生士の苦情
　を伝えると歯科医師と喧嘩になり弁護士から通知が来た。
　直接話し合いたい

15　歯科で、インプラント施術未完なのに担当医が辞め、転院
　を勧められている。最後まで治療するか転院先の治療費を
　払うべきだ。

16　入歯治療を受けているが医師から丁寧に説明をしてもらえ
　ない。法律に基づき適切な説明をするよう指導してほ
　しい。

17　前歯のインプラントと顎関節炎とう蝕の治療を私費でする
　　予定だったが保険治療ができることが分かった。この契約
　　をやめたい。

18　歯科を受診したら歯周病の治療を勧められたが、治療に先
　　駆けて勧められた検査が自費だった。必要な検査だったの
　　だろうか。

19　歯のホワイトニング施術を受け熱を持った痛みと腫れが起
　　こったがそのようなリスク説明はなかったし施術ミスなの
　　で返金してほしい

20　歯医者の予約をダブルブッキングされ、診療開始時間を遅
　　らされた。医院にその間の時間を賠償してほしい。どうし
　　たらよいか。

Ⅳ ブログ・SNS における注意点

〔1〕 ブログ・SNS に対する広告規制

　医療広告ガイドラインでは、広告可能事項の限定解除に「ウェ
ブサイトのように、患者等が自ら求めた情報を表示するもので
あって、これまで認知性（一般人が認知できる状態にあること）
がないために医療広告の規制の対象とされていなかったウェブサ
イトのほか、メルマガ、患者の求めに応じて送付するパンフレッ
ト等が該当しうるものであること。」と書いてありますが、ブロ
グや SNS への直接の言及はありませんが、「メルマガ、患者の求
めに応じて送付するパンフレット等」にブログや SNS は含まれ
ていると解釈されています。
　また、医療広告ガイドラインに関する Q&A にも下記の質疑応
答例があります。

図表 3−11　医療広告ガイドラインに関する Q&A

Q1−10　広告規制の対象であるウェブサイトについて、特定の人
　　　　のみが閲覧可能な場合は、広告規制の対象外でしょうか。
　　　　(P.2)

A1−10　当該医療機関に係る情報取得を希望した者のみ閲覧可能
　　　　な状態（一般人は閲覧不可）であっても、広告規制の対象
　　　　です。
　　　　　ただし患者等が自ら求めて入手する情報を表示する媒体
　　　　になりますので、広告可能事項の限定解除要件を満たした

場合には、広告可能事項の限定を解除可能です。

図表 3−12　医療広告ガイドラインに関する Q&A

Q1−11　患者の希望により配布するメールマガジンやパンフレットは、広告規制の対象でしょうか。（P.11）

A1−11　患者の希望であってもメールマガジンやパンフレットは
広告として取り扱われるため、広告規制の対象です。

　　　　ただし患者等が自ら求めて入手する情報を表示する媒体
になりますので、広告可能事項の限定解除要件を満たした
場合には、広告可能事項の限定を解除可能です。

　ウェブサイトは特定の人のみが閲覧可能であっても広告規制の
対象と回答しています。SNS の場合、閲覧者を限定できる非公
開アカウントにすることができますが、Q&A を見る限りでは非
公開アカウントであっても広告規制の対象となる可能性がありま
す。また、患者の希望で配布するメールマガジンやパンフレット
も広告規制の対象となるので、患者のみが閲覧できるブログや
SNS も広告規制の対象になります。

図表 3−13　　ウェブサイト等について（具体的事例）

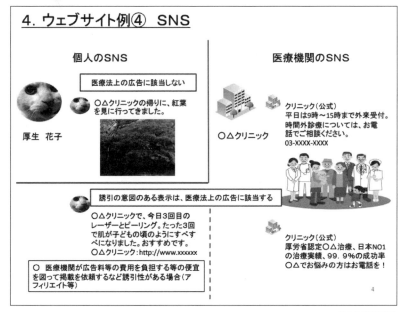

（厚生労働省）

〔2〕 ブログ

　ブログはウェブサイトと同様に、非公開の設定をしない限りインターネットを利用している人は誰でも閲覧可能です。

　しかし、今のところブログについて調査・監視体制強化事業受託者（現在はデロイトトーマツコンサルティング合同会社）から注意喚起を受けたという話は聞いたことがありません。

　これはそもそも医業等に係るウェブサイトの調査・監視体制強化事業となっており、ウェブサイト "等" とは書かれていないことからブログは対象外になっているのかもしれません。

　また、ブログは歯科医院公式の場合もありますが、院長やスタッフなど個人的なブログの場合もあります。後者の場合、医療広告ガイドラインでいう「個人が運営するウェブサイト、SNS

の個人のページ」であると考えられなくもないです。

　「個人が運営するウェブサイト、SNSの個人のページ」であっても広告規制の対象にはなりますが、医業等に係るウェブサイトの調査・監視体制強化事業の対象ではないということです。しかし、前述したように非公開の設定をしない限りインターネットを利用している人は誰でも閲覧可能なので、ブログもウェブサイトと同様に医療広告ガイドラインを遵守して投稿すべきです。

〔3〕SNS

　Twitter（ツイッター）、Facebook（フェイスブック）、Instagram（インスタグラム）などのSNSも非公開アカウントとしない限り、そのSNSを利用している人であれば誰でも閲覧可能ですが、ブログと違いそのSNSのアカウントを取得している者でなければ基本的に閲覧はできません。

　つまり、Twitterの投稿を見たければTwitterのアカウントが必要ですし、Instagramの投稿を見たければInstagramのアカウントが必要で、ブログに比べると閲覧者が制限されています。また、今のところSNSも調査・監視体制強化事業受託者から注意喚起を受けたという話は聞いたことがありません。

　可能性でいえば、ブログよりSNSのほうが注意喚起を受ける可能性は低いと思われます。前述したように、ブログに比べるとSNSは閲覧者が制限されているからです。そのため、筆者は2018年6月1日に現在の医療広告ガイドラインが施行された時から歯科医院に対してSNSの活用を勧めています。以前はウェブサイトを中心とした広告・広報活動を勧めていましたが、2017年8月に医療機関ネットパトロールが始まってから注意喚起を受ける歯科医院が多くなったので、今では広告・広報活動はSNSを中心に行うよう勧めています。

　最近は「詳しいことはウェブサイトをご覧ください」というテレビ CM 等が増えていますが、歯科医院ではウェブサイトでアクセスを集めて「詳しいことは SNS をご覧ください」となるわけです。

　ちなみに筆者は、関与先である歯科医院により適切なアドバイスができるよう 2019 年 5 月 21 日から Instagram を始めました。Instagram のユーザーネームは「hide_nishioka」です。2020 年 5 月 25 日にはフォロワー数が 2,000 を超えるなど、多くの歯科医院や美容クリニック等にフォローしてもらうとともに、多くの歯科医院や美容クリニック等をフォローしており、投稿やストーリーをチェックしています。

　あまり詳しいことは書けませんが、患者が欲している情報は医療広告ガイドラインで認められる広告の範囲ではなく、もっとダイレクトで、わかりやすく、お得な情報です。本当に患者が欲している情報を発信し続けなければ、患者に選ばれる歯科医院にはなれないと思います。

〔4〕医療情報の提供内容等のあり方に関する検討会

　厚生労働省は、医業等に係るウェブサイトの調査・監視体制強化事業を始める前の 2016 年 3 月 24 日から医療情報の提供内容等のあり方に関する検討会を開催しています。この検討会で医療機関のホームページの情報提供の適正化等について検討をすすめ、その結果として現在の医療広告ガイドラインができました。つまり、この検討会の議事録を確認することで現在の医療広告ガイドラインになった経緯がわかります。

　本項は「ブログ・SNS における注意点」というテーマなので、検討会の議事録のうちブログと SNS に関係するものに絞って紹介しますが、なんと医療機関のブログや SNS が話題になったの

は 2017 年 10 月 4 日の第 5 回だけです。

　以下、2017 年 10 月 4 日の第 5 回の議事録の抜粋です。なお、（　）書きとアンダーラインは筆者による補足です。

○長房企画官（厚生労働省総務課医療政策企画官）

　　例えば、<u>医療機関のウェブサイトにおきまして、院長ブログ等々で健康食品、特定保健食品で疾患が治るといった、薬事の効能に該当するような記載をして販売をするような場合は薬機法違反になりえますし、医行為の一環として医療機関が広告した場合、医療法の広告規制違反になりえます。</u>

　　しかし、こういった医療機関による他法令にまたがる違反広告につきましては、関係部局や関係省庁と密に連携して対応していきたいと考えております。

　　そういった意味で、<u>他法令禁止事項についてはガイドライン上禁止事項とし</u>、先生がおっしゃったように<u>具体例も明示して書ければいきたい</u>と考えております。

（中略）

○桐野座長（東京大学名誉教授）

　　そのほか、いかがでしょうか。

　　今、規制の対象となる広告を載せるものについて、どの範囲を規制の対象とするかという議論なのですが、平川委員から意見書が出ていまして、そこに動画サイトや SNS を規制の対象にかけるべきかということが書かれているのですが、参考資料 6 です。

　　この範囲をどう決めるかというのはとても難しいと思うのは、動画サイトが対象になったら、今度はテレビの番組などはどうなるのかということが、どんどん範囲が不明確になってしまう。それから、SNS になると非常にパーソナルな面が多いので、しかし、これはパーソナルだけれども、かなりパブリックに利用もで

きてしまうという不思議なものなので、これがどういう感じなのかというのが難しいと感じたのです。

何か御意見がございましたら。

事務局から何かございますか。

○長房企画官

　　動画、SNS のサイトの扱いについてなのですが、法改正を踏まえまして誘引の意図があるものにつきましては、規制の対象としていきたいと考えております。

　　ただ、SNS につきましては、先ほど座長がおっしゃいましたようにクローズドな性質がございますので、実際にどう監視していくかについては考えていく必要があるかと思います。

○桐野座長

　　大道構成員、どうぞ。

○大道構成員（一般社団法人日本病院会副会長）

　　クローズドの SNS であればいいのですけれども、いわゆるブログの類いですね。これは例えば私どもの病院で、もし一度検索していただいたら、そこに単語を幾つか入れていただくと、個人のブログがだっと出てきますけれども、大概が患者さんですね。その中では患者さんの会をつくったりとか、同窓会とかそのようなものもあるのですけれども、中には、いや、森之宮病院はこういうところが悪い、このようなひどい病院だみたいな書き込みもあれば、あるいは、やはり森之宮病院は最高だねとか、日本一の病院だとかいう書き込みもあります。ですから、それを規制というのは、個人の口にふたをすることはできませんから、それはもう全部、一覧として検索するとぽんと出てしまうのが、今のインターネットというのはそういうものですから、そのあたりの規制はかなり厳しいのではないかと思います。

　　ただ、それを意図して、病院側が運営しているのか、個人が運

営しているのかというところなのですけれども、これはなかなか
グレーなところもあるみたいですね。しかし、それは最終的には
性善説か性悪説みたいなところで落ち着くような気もしないでも
ないのですけれども、難しいかもしれませんね。

○長房企画官

　今、先生がおっしゃったことにつきましては、現行の広告規制
を対象としまして、医療法第六条の五におきまして「何人も」と
いう主語が書かれておりまして、医療機関も医療機関でない者も
規制の対象にはなり得ます。

　先生がおっしゃいましたブログとかの口コミサイトにつきまし
ては、資料2の7ページ目でお示ししましたように、医療機関本
体以外のウェブサイトということで監視を行っていきたいと考え
ております。

　こういったサイトを監視する中で、例えば先ほど先生がおっ
しゃったように、特段の根拠もなく○○病院の治療は最高等と語
るなど、そういった誘引の意図が明確な表示をしっかり見てく必
要があると考えております。

○桐野座長

　鈴木主査、どうぞお願いします。

○鈴木主査（厚生労働省総務課主査）

　今の点に1点補足させていただきますと、単純に個人の御意見
として感想をブログに書かれている分には、もちろん規制の対象
にはならず、誘引性がないものになりますので、企画官からの説
明の補足とさせていただきます。

○桐野座長

　ランキングサイトについてはいろいろ御意見があったのです
が、口コミサイトについての御意見は余りないのですが、何か。

　これは非常にいろいろな範囲の問題があるので、アトランダム

> に出していただいて、たくさんの論点をとにかく出していただく
> ことが必要と思います。
>
> （以下、口コミサイトに話題が移るので省略）

第 5 回の議事録から読み取れるのは下記の 2 点だと思います。

> ①　SNS はクローズドな性質があるので、実際にどう監視してい
> 　くかについては検討中。（検討会では結果はでていない）
> ②　ブログは医療機関本体以外のウェブサイトということで監視を
> 　行っていきたいと考えている。

　先ほどブログより SNS のほうが調査・監視体制強化事業受託
者から注意喚起を受ける可能性は低いと書きましたが、可能性が
低いと考える理由は検討会で厚生労働省総務課医療政策企画官が
「SNS につきましては、先ほど座長がおっしゃいましたようにク
ローズドな性質がございますので、実際にどう監視していくかに
ついては考えていく必要があるかと思います。」と述べたことが
根拠です。

第4章

歯科医院における
新たな取組み

本章のうち、「 I 美容歯科医療」については、一般社団法人日本美容歯科医療協会理事長 清水洋利氏、「 II マウスピース矯正治療法」については、日本矯正歯科学会認定医／インビザライン・ジャパン社 公認ファカルティ 松岡伸也氏の執筆によるものです。

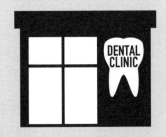

I 美容歯科医療

　医療法施行令等により、医科には「美容外科」という標榜できる診療科名（以下、「科」という）がありますが、歯科の分野では、「美容歯科」も「審美歯科」も科としては認められておらず、診療内容としての表現にとどまっているのが現状です。

　実際のところ、医師国家試験出題基準（参照①）および歯科医師国家試験出題基準（参照②）においても、美容関係の診療内容に関する記載はほぼ見あたりません。したがって、現状では「美容歯科」「審美歯科」の定義付けに関しては、言葉を使うドクターや学会等にゆだねられているところです。

　筆者らは、各種法令や**第1章**でも述べた歯科口腔外科に関する検討会・議事要旨等に鑑み、2012年4月に一般社団法人日本美容歯科医療協会（以下、「弊協会」という）を設立するにあたり、「美容医療等で培われてきた技術やエビデンスを、歯科口腔外科領域の疾患の治療や予防・リハビリテーションに応用する」ことを美容歯科医療の位置付けとしています。すなわち、美容を目的とするものではなく、日常直面している歯科疾患および歯科診療における手段（治療の選択肢）のひとつとして考えることが、美容歯科医療の適正普及のためには、法的にもマーケティング的にも不可欠な前提となります。

〔1〕 美容歯科医療の社会的意義
　　　－メラビアンの法則－

　ビジネススキルアップセミナーなどでは、メラビアンの法則について「言語情報や聴覚情報よりも、視覚情報が大事」というこ

とから、見た目が○割といった大げさな解釈が生まれてしまっているようです。メラビアンの法則が示している内容は、単に見た目が重要という考え方だけではなく、前提条件としてもっと複合的な要因があるのですが、いずれにせよ人間関係においては、視覚すなわち見た目で判断されることが多いという現実が存在することは確かです。

　また、これは特に男性の美容に関することですが、ユニリーバ・ジャパン株式会社の「20〜50代の男女800人に聞いた、"男性の見た目"に関する調査レポート」（2014年調査）では、「男は、本人の努力や気遣いで、"美しい男"になれる。美しい男になることで、男は"社会的に強くなる"」という内容が報告されています。

〔2〕美容歯科医療の医学的意義
　　　　－見た目と健康長寿－

　見た目が若い人のほうが、老けて見られる人よりも健康長寿であるという論文があります（参照③）。研究では、遺伝的な違いが生じないように70歳以上の一卵性双生児を被検者とし、被検者らの寿命だけではなく、運動機能や認知機能の調査もしており、見た目が若いほうが健康長寿であるという結果が出ています。

　さらに、染色体調査も実施しています。すなわち、染色体の末端に見られる「テロメア」という部分の長さを調べたところ（テロメアは染色体末端部を保護する役割があるとされ、この部分が短い人は、老化のスピードも速く進行するといわれています）、若く見えた人は長い「テロメア」を持っていると報告されています。鶏が先か卵が先かの議論はあると思いますが、重要なことは、美容歯科医療を提供しようという歯科医師側が、しっかりとこうした理論建てやコンセプトを持つ必要があるということです。

〔3〕見た目の年齢を決めるポイント

　見た目の年齢を決めるポイントは、いくつかあります。例え
ば、「メイク」「髪型」「服装」「姿勢」「立ち居振る舞い」などで
す。そういったバイアスを徹底的にそぎ落とし、極めてシンプル
にしたもののひとつが、能面です。もちろん実際の舞台では衣装
や演出がありますが、面だけを見ても加齢に関する日本人の繊細
な感性をうかがい知ることができます。

　能面（写真はネットで容易に検索できます）を見るとわかりま
すが、目元の変化もさることながら、口元の微妙な変化で年齢を
表現していることがわかります。文字どおり、年齢とは「年」は
「歯」が「令」ずると書くことがうなずけるところです。「目は口
ほどにものをいう」＋「口元は目元以上に年齢を語る」と言える
でしょう。

〔4〕歯科口腔外科の診療領域

　第1章でも述べましたが、美容歯科医療を提供するにあたり、
歯科口腔外科の診療領域を考えることは非常に重要です。日本に
おいては、医師と歯科医師とでは、教育機関も免許も異なりま
す。また、単純に施術範囲を考えればよいというものでもありま
せん。

　この件については、総論的な内容からヒアルロン酸注入・ボツ
リヌス治療・リップのアートメイク等に至るまで、筆者は過去に
何度か厚生労働省医政局歯科保健課（以下、「当局」という）に
問い合わせたことがありますが、回答としては常に「歯科医師は
歯科治療をしてください」という内容に行きつきます。

　つまり、「「歯科」から逸脱してしまうと医師法等に対して違反
の可能性が出てくるが、歯科医療である以上、直ちに違法性を問

う立場にはない。ただし、広く社会的に認知されているとは必ずしも言えない治療等の内容については、極めて慎重に臨んでほしい」という回答です。

　ところで、医師法と歯科医師法のそれぞれ１条の違いは、医師・歯科医師という名称と医療・歯科医療という業務の対象が違うだけで、「保健指導を掌ることによって公衆衛生の向上及び増進に寄与し、もつて国民の健康な生活を確保するものとする。」という後半の部分は共通であり、歯科医師法は口腔保健指導に限局したものではないことがわかります。

●歯科医師法

> 第一条　歯科医師は、歯科医療及び保健指導を掌ることによって、公衆衛生の向上及び増進に寄与し、もつて国民の健康な生活を確保するものとする。

　また、医療法に関して言えば、歯科医療法というものが別にあるわけではなく、医科歯科共通の法律です。そしてその１条の２は、下記になります。

●医療法

> 第一条の二　医療は、生命の尊重と個人の尊厳の保持を旨とし、医師、歯科医師、薬剤師、看護師その他の医療の担い手と医療を受ける者との信頼関係に基づき、及び医療を受ける者の心身の状況に応じて行われるとともに、その内容は、単に治療のみならず、疾病の予防のための措置及びリハビリテーションを含む良質かつ適切なものでなければならない。

　したがって、保健指導も含め、予防やメインテナンス（リハビリというコンセプトも含む）中心のクリニックにしたいと考えているドクターが多いという現状からも、歯科はまだまだ職域拡大の可能性を秘めていると考えられます。さらに、「患者」ではなく「医療を受ける者」と表現されていることも重要です。**第1章**でも触れましたが、サプリメントの扱いなども、予防・先制医療という観点から見ても、この保健指導の範疇に入るといえます（サプリメントは医薬品ではなく、あくまでも食品であり、食生活指導の一環ともいえるからです）。

　また、歯科の診療領域を逸脱すること（あるいは医療行為そのもの）に関して「患者が希望するから」「頼まれたから」「同意のうえで」ということを大義名分にしているドクターがいますが、これは明らかに保険医療機関及び保険医療養担当規則（以下、「療担規則」という）に反する行為ですので厳に慎むべきです。できないことはできないと、的確な診断のもと、医学の立場を堅持して、適切な指導をしなければなりません。療担規則は保険医療機関や保険医に対するものですが、診療の一般的方針という国の考え方ですので、何かあった場合にこの内容を持ち出される可能性があることも視野に入れておく必要があります。

●保険医療機関及び保険医療養担当規則（抜粋）

> 第二章　保険医の診療方針等
> （診療の一般的方針）
> 第十二条　保険医の診療は、一般に医師又は歯科医師として診療の必要があると認められる疾病又は負傷に対して、適確な診断をもととし、患者の健康の保持増進上妥当適切に行われなければならない。

（指導）

第十四条　保険医は、診療にあたつては常に医学の立場を
　　堅持して、患者の心身の状態を観察し、心理的な効果を
　　も挙げることができるよう適切な指導をしなければなら
　　ない。

〔5〕 歯科における血液検査等

　歯科医院で、「歯科医師が血液検査をしてもよいのか？」と問
われることがあります。既成事実云々は別として、結論を言え
ば、「歯科医療を提供する際に必要に応じて行うことができる」
となります。
　根拠を令和 2 年厚生労働省告示第 57 号別表第 2（歯科点数表）
から引用します（参照④）。

◆歯科点数表

第 3 部　検査
通則
5　第 3 部に掲げる検査料以外の検査料の算定は、医科点数表
　の例による。

　参考までに、上記の第 3 部に掲げられている検査料には、電気
的根管長測定検査や、歯周病検査など、歯科医師が日常診療で多
用している検査が掲げられています。
　実践的な資料でいえば、「歯科保険点数表の解釈　令和 2 年 4
月版」（社会保険研究所）に、医科点数表（準用部分）が掲載さ
れており、血液検査もこの中に入っています。

　つまり、血液検査等の一般的には医科で行われている検査も、条件を満たせば歯科で保険点数も算定できるわけですから、保険点数を算定しない自費診療の場合は、歯科医師の裁量権の範疇であることがわかります。

　ただし、繰り返しになりますが、あくまでも歯科クリニックにおいては歯科医療の提供が大前提であり、医科病名の診断を専らの目的とする場合、歯科医療の提供ではなくなってしまいますので注意が必要です。2020 年 11 月現在のタイムリーな例でいえば、「COVID-19 の疑いで SARS-CoV-2 に対する抗体検査（いわゆるコロナの抗体検査）をする」ことなどに関しては、歯科医院において歯科医療の提供を行わずに検査のみを単独で行うということは避けるべきです。

〔6〕 歯科助手の職域

　よく「歯科医師と歯科衛生士以外の者が口腔内に触れたら違法」といわれていますが、完全な都市伝説です。根拠としては、厚生労働省医政局長通知 医政発第 0726005 号（平成 17 年 7 月 26 日）があります。

◆「医師法第 17 条、歯科医師法第 17 条及び保健師助産師看護師法第 31 条の解釈について（通知）」（抜粋）

> （別紙）
> 5　注 1 以下に掲げる行為も、原則として、医師法第 17 条、歯科医師法第 17 条及び保健師助産師看護師法第 31 条の規制の対象とする必要がないものであると考えられる。

　②　重度の歯周病等がない場合の日常的な口腔内の刷掃・清拭
　　　において、歯ブラシや綿棒又は巻き綿子などを用いて、歯、
　　　口腔粘膜、舌に付着している汚れを取り除き、清潔に
　　　すること。

　実際に筆者が当局に問い合わせたところ、歯科助手がスケーリングやブラッシング指導を行うことは違法になるが、単に染め出しの説明を行ったり、プラークチャートに予備的に記載したりすることや当該通知に示された方法で汚れを取り除く行為そのものは直ちに違法と判断するものではないという見解でした。

　確かに、一律に医師法・歯科医師法による業務独占を当てはめてしまうと、例えば保育所等における保育士等による園児の口腔清掃、学校等の保健室における養護教諭によるけがの応急手当、病院や施設等における介護職員等による義歯清掃や口腔内清掃等が制限されることとなってしまいますので、当該通知内容の現実的妥当性は頷けるところがあります。

　なお、「歯磨きサロン」については、厚生労働省医政局歯科保健課通知（事務連絡、平成22年8月23日）が出されていますが、筆者が当局にその通知の根拠を問い合わせたところ、昨今増加している歯科衛生士の独立開業形態について、歯科医師不在の場合、診断や歯科疾患の治療行為はできないことを明確化するためのものであり、上記の口腔清掃行為そのものを規制するものではないとのことでした。このことは、後述の各論の中で述べる、いわゆるデンタルエステの内容とも関連してきます。

〔7〕美容歯科医療各論

　ここでは、美容歯科医療として提供されているコンテンツに関して、それぞれの歯科医療としての注意点も含めて概説します。

なお、各術式等に関しては、筆者が代表理事となっている弊協会において、ハンズオンを含めたセミナーの定期開催や、クリニックへの訪問開催を行っておりますので、適宜ご利用ください（一般社団法人日本美容歯科医療協会で検索可能）。

① 口腔ヒアルロン酸治療

　歯科でもできるプチ整形と称して、2011年から2013年くらいに一度ピークを迎えたことがあり、当時は10社以上が全国各地でセミナーを開催しているような事態もありました。

　ただし、弊協会としては前身の口腔統合医療研究会（2008年発足）の時から、美容医療の真似事のような医療行為をみだりに歯科で拡散することは避けるべきと考えており、「必ず歯科治療である根拠を示すこと」を受講された先生方にお願いしています。

　具体的には、単にしわの部分にヒアルロン酸を注入してしわを取るというような、美容を専らの目的とするものではなく、例えば、ほうれい線（鼻唇溝）やマリオネットライン（口角溝）にヒアルロン酸を注入することで、同部の張りを回復させ、歯肉頬移行部への食渣の滞留を防ぎ、歯列弓上に食塊を誘導させやすくして、結果として咀嚼効率の維持改善を図るといった、あくまでも口腔機能の維持や改善を目的とするといったような理論武装が必要です。

　また、リップへの注入も、単にいわゆるあひる口形成といった美容を専らの目的とするものではなく、例えば口呼吸傾向のある患者に対して、口唇閉鎖機能を改善し、高齢者等においては垂涎や誤嚥性肺炎の予防効果を向上させるといった、やはり口腔機能の維持や改善を目的とするべきであり、美容効果は結果論のひとつであるという切り口が重要である

と考えられます。なお、口唇への注入による機能改善に関しては、すでに論文も出されています（参照⑤）。

　さらに危機管理的な面でいえば、専ら美容を目的とした医療行為については、歯科医師賠償責任保険などでも不担保条件に入ってしまっていることがありますので注意が必要です。

　ヒアルロン酸製剤ですが（ボツリヌス製剤も同様に）、数年前から国内承認を取得している製品もありますが、歯科における承認は 2020 年 11 月現在ありませんので、製品の入手は主に個人輸入によるものになります。個人輸入をする際には、都度厚生局に申請を行い、いわゆる薬監証明を得ることが必要ですので、この辺りのフォローをしっかりと行ってくれる輸入代行業者やセミナーを選ぶことが重要です。これを怠ると、密輸の扱いとなり、医薬品、医療機器等の品質、有効性及び安全性の確保等に関する法律（以下、「薬機法」という）違反や関税法違反などに問われる可能性があります。クリニックにとっても、ドクターにとっても、極めて不利な状況に陥ることになりますので十分注意してください。

　なお、筆者はここ 15 年程の間に 20 種類以上のヒアルロン酸製剤の使用経験がありますが、その効果や安全性について、短時間ですぐに吸収されてしまい効果が持続しない製品、アレルギー反応を起こしやすい製品等、粗悪な製品も散見されました。その中には実際に製造販売停止になった製品もありますし、弊協会セミナーを受講されたドクターからも、他社セミナーで紹介されたヒアルロン酸を打ったらひどい炎症反応を起こした等の報告も複数受けています。各種製剤の特徴や個人輸入代行手続きの実績のある業者等につきましては、個別にご案内しておりますので、弊協会までお問い合わせください。

　ご参考までに、ヒアルロン酸以外の注入剤について、持続時間の長いこと（多くの場合数年単位あるいは非吸収性で半永久）を長所としている製品については、一般社団法人日本美容外科学会等も難色を示している製品もあります。特に患者からリクエストされることも多いですが、単に持続時間の長さという点だけに着目するのは気を付けたいところです（参照⑥）。

　ところで、近年 MD Codes™ というヒアルロン酸の注入法が医科のセミナーで普及しています。これは、従来は主に上皮下結合組織内に注入していたヒアルロン酸製剤を、その奥の脂肪組織や筋肉組織も突き抜け、骨膜上に投与することもある方法であり、歯科医師にとってはいささかハードルが高く、慎重に対応すべきだと考えています。

② 歯科ボツリヌス治療

　製品名として「ボトックス」が知られていますが、一般名は「Ａ型ボツリヌス毒素製剤」（以下、「ボツリヌス製剤」という）です。エビデンスとしては、国際的にはすでに20年以上前から、歯科口腔外科領域の疾患に対してボツリヌス製剤が使われてきたことがわかります（参照⑦）。日本補綴歯科学会でも、2002年の国際セッションの中に、咬筋の疼痛抑制や機能障害の回復に対するボツリヌス製剤の応用について紹介されています。また、2010年代になると、国内の病院歯科や歯科大学病院、歯学部附属病院においても、症候群性の疾患や、口顎ジストニアに対する歯科ボツリヌス治療がなされ、それぞれ論文が出されています（参照⑧）。

　薬剤添付文書を見てみると（参照⑨）、例えば「ボトックス注用50単位/100単位」の適応は、眼瞼痙攣、片側顔面痙攣、痙性斜頸、上肢痙縮、下肢痙縮等といった、筋肉の過緊

張を緩和する医薬品として記載されています。別に、眉間の
しわ等の治療用にボトックスビスタという製品もあります
が、2020年10月現在、いずれも国内では歯科医療に対する
承認はなく、メーカーも歯科医師に対する扱いはしていま
せん。

　いずれにせよ歯科でボツリヌス治療を行うためには、前述
のとおり、エビデンスに基づいた歯科医療であることが前提
条件となります。いわゆるメソボトックス法を含め、単なる
しわ取りや美肌・リフトアップといった、美容を専らの目的
とした治療は歯科では避けるべきです。くどいようですが、
歯科医療である根拠がなくなると、医師法違反に問われる可
能性が否定できないからです。

　ボツリヌス製剤にも多種多様な製品が混在し、玉石混交の
様相を呈しています（筆者もここ15年の間に10種類近い製
品を使用してきた経験があります）。国内承認を受けた製品
のメーカーとライセンス契約を結んで製造しているメーカー
の製品、はじめから液体状になっており、動物由来タンパク
を含まない製品、生産国において公的な承認を得ている製品
もあれば、すでに問題提起されているような製品など様々で
す。

　また、分子量を工夫して抗体ができにくいとされている製
品や、B型ボツリヌス毒素製剤などもありますので、製品に
対する十分な知識を持ったうえで選択することが重要です
し、ヒアルロン酸と同様、個人輸入における薬監証明の取得
も必要になります。

　歯科での応用ですが、今まではなかなか決め手のなかっ
た、歯ぎしり、噛みしめ、食いしばり、ガミースマイル、矯
正の後戻り、咬合性外傷、下顎前歯の舌側傾斜、口顎ジスト
ニアといった症例に対する治療の選択肢が増えることは、歯

科医院だけでなく、患者にとっても大きなメリットであるということができます。

さらにいえば、昨今のストレス社会の中で、向精神薬の服用による薬剤誘発性のジストニアへの対応も考えられます。不随意性の筋活動と下顎運動の異常が顎口腔領域に顕在するといわれており、とりわけ問診時の服薬情報でこうしたことは折り込んでおく必要があると思われます。

患者からのよくある質問に、「ボツリヌス治療をしたら噛めなくなってしまうということはないのですか？」というものがあります。明らかな過剰投与がなされた場合にはそういった症状も出る可能性はありますし、筆者も他院における治療後の不具合について相談を受けた経験があります。

このことに関しては、弊協会セミナーのマニュアル化したテキストの中で示していますが、一般的な術式（主に論文等で発表されている方法：参照⑦⑧）においては、日常生活に必要な咬合力（参照⑩）はキープされることが示されています。繰り返しにはなりますが、こうしたエビデンスに基づく理論武装や説明が、歯科ボツリヌス治療をはじめとする新たな治療の提供の際には不可欠であるということです。

③ 脂肪融解注射

美容医療では、脂肪吸引とならび、知名度の高い治療です。脂肪吸引と異なり、即時に効果が発現するものではありませんが、侵襲度の低さから、比較的低リスクの治療といわれています。歯科では「デンタスリム®」という製品が他社セミナーで紹介されたこともあり、数年前から歯科医師の個人輸入で入手できるようになっています。

もともと脂肪融解剤は、リポスタビル®というホスファチジルコリンを主成分とする脂肪塞栓症の治療薬として使われ

はじめたのですが、その局所脂肪融解作用が着目され、脂肪融解剤として知名度が高くなるに至りました。ただ、脂肪細胞の細胞膜を破壊するという作用機序のため、一時的な腫れが生じることがありました。それを避けるために、BNLS（Brand New Liposculpting Solution）という、脂肪細胞の破壊ではなく脂質代謝を促進する成分を複合した製剤（デンタスリムもこちらのカテゴリーに位置付けられます）が2013年頃から美容医療業界で流通しはじめて流行にもなっていました。しかし、効果がわかりにくいという欠点があったことと、現在では脂肪融解治療そのものが医療機器による術式が普及してきたこともあり、脂肪融解注射の流行は落ち着いてきています。

　いずれのカテゴリーの薬剤（脂肪細胞の細胞膜の破壊あるいは脂質代謝促進）も、国内承認薬は2020年11月現在のところありませんので、海外からの個人輸入になります。同年同月現在、歯科医師免許でも薬監証明は得られる状況ですが、歯科治療として提供するには、いささかハードルが高いかと思われます（理論武装、術式等は弊協会において個別にセミナー対応しています）。

④ 歯科プラセンタ療法

　プラセンタとは胎盤のことで、ここでは「胎盤から抽出された製剤」を歯科医療分野に応用することを、「歯科プラセンタ療法」と称します。実は、歯科プラセンタ療法は50年以上という意外と長い歴史を持っており、かつてインタセリン®という製品名で歯周病などの歯科適応が承認された注射薬も存在しました。原料供給のルートの問題で承認を取り下げてしまったため、現在では主に慢性肝疾患や更年期障害等に適応のある承認薬（それぞれラエンネック®、メルス

モン®）や、未承認の製品が存在します。これらの情報に関して
は、弊協会と連携している一般社団法人日本臍帯プラ
センタ学会において医科歯科共通で扱っています。

　プラセンタ製剤の中には、成長因子などの多種多様な生理
活性物質が含まれており、明確な作用機序を特定することは
困難ですが、組織再生作用や免疫調整作用があるとされてい
ます。いずれの製品も、歯科に関する保険適応の承認はあり
ませんので、歯科では自由診療として扱われます。投与方法
は皮下注射や筋肉注射となっており、点滴で用いることは歯
科でも適用外となっており、否定的な意見が多く出ています。

　ところで、歯科医院で歯科医師が口腔外に注射をしてもよ
いのかという質問をいただくことがありますが、前述の歯科
点数表の中に注射が入っていますので、保険算定の可否は別
の話題として、歯科医師の行為としては、口腔以外への注射
は認められているところです。このことは療担規則でも明ら
かです。また、次項目以降のコンテンツの根底となります。

●保険医療機関及び保険医療養担当規則（抜粋）

（歯科診療の具体的方針）
第二十一条　歯科医師である保険医の診療の具体的方
　　針は、第十二条から第十九条の三までの規定による
　　ほか、次に掲げるところによるものとする。
　　四　注射
　　　イ　注射は、次に掲げる場合に行う。

⑤ 高濃度ビタミンC点滴療法（IVC）ほか点滴療法

　いわゆるアンチエイジング治療等（「アンチエイジング」

は広告としては認められないことが2020年7月現在の医療広告ガイドラインに掲載されているため、ここでは「いわゆる」を冠しています）において提供されることがあるコンテンツのひとつです。抗酸化作用や免疫調整作用を期待して、がんの補完代替療法では25g以上を使用するプロトコールが見られますが、濃度が高いほど血管痛やその他の副作用が生じやすいので、歯科では5g以下などかなり低濃度から始めたほうがトラブルにつながりにくいと考えられます。もちろん、歯科治療として行うことが必要であることは言うまでもありません。

　ほかにも、俗にいうニンニク注射（アリナミンＦ®等）、美白注射（トランサミン注®等）、美肌注射（強力ネオミノファーゲンシー静注®等）を、美容を専らの目的とするのではなく、歯科医療の提供として行うことは可能です。これらの注射薬の中には、すでに口内炎などの歯科適応を取得している薬剤もありますので、各添付文書を参照してください。

⑥ 血液オゾン療法

　血液オゾン療法は、100〜300 mlの血液を採血し、そこにオゾンガスを混合、オゾン化した血液を体の中に戻すという治療法です。ネット等でもその賛否について議論されたことが記憶に新しいところです。

　ドイツなど一部の国では、保険適用にもなっていますが、日本では保険適応外の治療法です。

　オゾンは歯科領域でもすでに使用されていますが、これはオゾンガスの直接的な殺菌作用が主（オゾン水等）で、上記のような医科でのオゾン療法とは作用機序が少し異なります。とはいえ、歯科医院でも歯周病治療等を目的の１つとして、この血液オゾン療法を歯科治療に応用しているクリニッ

クもあり、血液オゾン療法を併用することによって歯科処置による血中の炎症性サイトカインや酸化ストレスの上昇を抑制したという症例報告もあります。オゾン生成機器等の未承認医療機器を使用する場合は、未承認医薬品と同様に、薬監証明を取得するなどの適正な輸入手続きが必要となります。

⑦ 成長因子（サイトカイン）による歯周組織再生誘導

　ここでは、ヒト間葉系幹細胞（主に脂肪組織由来幹細胞）の培養上清液を用いた歯科治療について紹介します。幹細胞を直接用いた治療は、再生医療等の安全性の確保等に関する法律（以下、「再生医療法」という）に定められた届出が受理されてから提供しないと違法行為になりますので注意が必要です。

　なお、再生医療法の第2種に該当する、幹細胞を用いた歯科治療の受理件数は、2020年10月現在、全国で数件しかありません。

　しかしながら、幹細胞を培養した際にできる成長因子等のサイトカインを多く含んだ培養上清液を使用した医療の提供は、再生医療法の適用外となっており（厚生労働省医政局研究開発振興課再生医療研究推進室に筆者が直接問い合わせ確認済み）、現在ではいわゆる幹細胞コスメとして化粧品の原材料にも含有されています。

　成長因子を用いた歯周組織再生剤として、すでに発売されている製品にエムドゲイン®やリグロス®等がありますので、こうした製剤の使用方法については、例えば、吸収性のスポンジにしみ込ませて抜歯窩に挿入する、歯周ポケットに注入する、人工骨と混和して使用する等、既存の術式で対応が可能です。幹細胞培養上清液は、既存の製品や再生医療法に基づいて幹細胞自体を使用する治療法と比較して、院内製剤

の手間は若干かかりますが、桁違いにローコストで提供できるのが特徴です。すでに名古屋大学や愛知学院大学等から歯槽骨や歯髄再生（覆罩<ruby>ふくとう</ruby>）に関する論文も出されており、歯科口腔外科領域におけるエビデンスが固められてきています（参照⑪）。

　弊協会では、国内の再生医療法における第2種の届け出が受理された医療機関および細胞培養加工施設で採取・調製された幹細胞培養上清液を凍結乾燥（フリーズドライ）した原末を取り扱っています。他社では液体状で納入される製品もあるようですが、安定性や防腐剤等の添加物の関係、さらには濃度の信頼性のこともあるため、選択する際には注意が必要です。

⑧ 唾液腺・咀嚼筋マッサージ（いわゆるデンタルエステ）

　いわゆるデンタルエステという言葉自体は1990年頃から聞かれるようになりました。しかしながら、そもそも歯科クリニックにおいてエステ行為を提供すること自体が患者側から見ても不自然な話で、医療法への抵触が問題となる可能性があります。患者側、ドクター側がそれぞれ潜在的に疑問を抱いているようではそのコンテンツが普及するはずがありません。

●医療法

第一条の五
2　この法律において、「診療所」とは、医師又は歯科医師が、公衆又は特定多数人のため医業又は歯科医業を行う場所であつて、患者を入院させるための施設を有しないもの又は十九人以下の患者を入院さ

せるための施設を有するものをいう。

　本文中から読み解けば、歯科診療所は歯科医業を行う場所であるという定義があり、その場所の図面をクリニックの開設時に届け出ているはずです。本来、歯科医業を行うと公的機関に届け出た場所で、歯科医業と関連のない行為をすることが問題視される可能性があるということです。

　弊協会では、デンタルエステという言葉を使わず、「咀嚼筋・唾液腺マッサージ」という歯科理学療法的な表現をしています。これなら、歯科診療の一環として位置付けることができます。また、人の健康に害を及ぼすおそれのある業務行為とは直ちに判断することができない行為（用手法等）であれば、いささか古いながらも最高裁の判例や近年では消費者庁のニュースリリース（参照⑫）にもあるように、いわゆるリラクゼーションマッサージの範疇にあるものは、有資格者でない者がすることに対する行為の禁止については直接の明言はなされていません。歯科助手等の活躍の場を広げることによって、ここに掲載しているような美容歯科医療の提供に結び付けるきっかけにもなります。

　とはいえ、クリニックで提供するコンテンツである以上、エビデンスは必要になります。弊協会のセミナーは、エビデンスに基づく施術方法を解説しています（参照⑬）。くれぐれも美容機器メーカーや代理店にそそのかされて、歯科クリニック内で実用性のない高価な美容機器や化粧品等の消耗品に手を出さないように気を付けるべきです。また、マッサージ等のセミナーを受講する際には、その術式のエビデンスを問い合わせて、納得してから受講すべきと考えます。

⑨ ホワイトニングのストックビジネスとしての活用

　ホワイトニングの分野も、近年様々な機器や薬剤が開発されており、長足の進歩を遂げていることに異論の余地はありません。しかし、現実を見てみると、歯科医院の近くにできたエステサロンにホワイトニングのニーズを奪われているのが現状です。

　なぜか？　答えは簡単です。ホワイトニングというコンテンツは、定期継続に基づくものですから、マーケティングの世界でいうところのフロントエンド（客寄せ・薄利多売）商品です。しかし、ほとんどすべての歯科医院が、ホワイトニングをバックエンド（本命・高付加価値）商品、つまり、インプラントや矯正、自費の補綴物と同じカテゴリーに位置付けてしまっていることが大きな過ちの始まりです。ここにホワイトング患者が伸び悩む根本的な原因があります。

　ホワイトニングを、本来の立ち位置であるフロントエンドに持ってくることから始めます。そして、ホワイトニングという呼び方だけでなく、例えば、「予防マネジメント外来」「歯科ブレスケア外来」などと位置付けて、ホームホワイトニング剤によるオーバーナイトの殺菌をし、歯周病治療・予防・ブレスケア等の結果として歯が白くなるという位置付けにすれば、老若男女問わず、ホワイトニングの対象になります。このようなホワイトニングのストックビジネスとしての活用・展開のノウハウについては、弊協会で個別に相談に応じており、これまでも多数のクリニックにおいてその実績を上げてきています。

　これは、歯科でのボツリヌス治療等も同じです。小顔効果とか、小じわ対策とか、美容に絡めてしまうと、どうしても年代や性別で対象者を絞り込んでしまいます。つまり、自分

で自分の首を絞めてしまうことになります。そうではなく、あくまでも歯科口腔外科領域の疾患に対する治療や予防という位置付けにすることで、美容歯科医療の各コンテンツに対して広く門戸を開けることができるようになります。

ホワイトニングに対する知識の整理

　歯の表面に付着した汚れを取り、元来の色に戻すことも含めて、「今よりも歯を白くすること」を「ホワイトニング」といいます。その中で、さらにエナメル質に沈着した色素を分解し、「元来の歯の色よりも白くすること」を「ブリーチング（漂白）」といいます。ホワイトニングとブリーチングはイコールの関係ではありません。実際のところ、患者のホワイトニングに対するイメージや希望は、ほぼブリーチングであるといえます。

　市販のホワイトニング効果を謳った歯磨剤がありますが、歯の表面の汚れを取る成分は、機械的な研磨成分としてカルシウム化合物等、ヤニ等の色素付着予防・歯石沈着予防（コーティングを含む）などの化学的成分としてポリリン酸化合物等があげられます（参照⑭）。エナメル質の色素を分解するすなわち漂白効果を持つ物質は、過酸化物（過酸化水素、薬剤成分としては過酸化尿素も含む）であり、これは薬機法上医療用具として扱われるため（参照⑮）、クリニック以外では使用できません。セルフホワイトニングサロン等で提供されているものは、ポリリン酸などの歯磨剤成分に使われているものであり、ホワイトニング効果はあるものの、ブリーチング効果はありません（というよりも、薬機法上あってはいけません）。また、ブリーチング効果を発揮するには、相応の過酸化水素の濃度が必要です。オフィスホワイトニングで、1回塗布（上下各6歯・計12歯）するための塗

布剤に過酸化水素を数滴添加した程度では、ブリーチングの効果は得られませんので注意が必要です。

　クリニックでホワイトニングを提供する際には、患者の希望がホワイトニングなのか、ブリーチングなのかを見極めたうえで、施術に使用する薬剤や方法（術式）を選択する必要があります。過酸化水素はもう古い、次世代のホワイトニングは○○であるといった話を聞きますが、完全に都市伝説です。そもそも単なる汚れ落としやコーティングなのか、その先のブリーチングなのか、ゴールが違います。とりわけクリニックにおいては、患者の求めるものは、最新といわれる機器や薬剤などではなく、究極のところ「結果」であるということを忘れてはいけません。

　オフィスホワイトニングとホームホワイトニングの位置付けも誤解されやすいところです。オフィスホワイトニングは、数分から数回照射のトータルでも数十分程度という比較的短時間しか薬剤の浸透時間がなく、漂白剤エナメル小柱に沿って浸透してエナメル質表層・浅層の色素を分解するというもので、シェードアップの限界や、後戻りのしやすさが欠点です。実はホワイトニングの本体はホームホワイトニングで、数週間と時間はかかるものの、エナメル質の深層まで薬剤による色素分解が起きますので、長期間の持続性が期待できます。A1やB1のさらに左側にホワイトニングシェードがありますが、ここまで持ってくるには、オフィスとホームのデュアルホワイトニングが必要になります。

＊　本文中、本来であればブリーチングと書くべきところ、すでに普及しているホワイトニングという表現にしています。過酸化物を使った施術はブリーチングです。

⑩ 医科歯科連携

　リップのアートメイクについて、歯科で施術可能かどうか当局に質問したことがあります。アートメイクとタトゥー（入れ墨）は定義が違いますが、アートメイクのほうがタトゥーよりも侵襲度の点でいえば低い施術です。タトゥーに関しては、いわゆるタトゥー裁判（一審有罪、控訴審逆転無罪、2020 年 9 月最高裁が検察側の上告を棄却し無罪確定）がよく知られているところです。

　さて、当局の回答は、「唇裂などの先天性疾患の治療のフォローや、口腔疾患に起因する口唇の巻き込み等に対する施術など、歯科治療としての根拠があるものについては直ちに違法性を問う立場にはないが、例えば、リップから範囲を逸脱して、眉毛等の施術まですることは歯科治療としては考えにくい。いずれにせよ、広く社会的に認知されているとは必ずしも言えない治療等の内容については、極めて慎重に臨んでほしい」という趣旨でした。

　美容歯科医療を提供していくうえで、ホワイトニングや歯肉のピーリング等を除き、どのようなコンテンツにしても、患者の希望が歯科口腔外科の診療領域から逸脱してしまう可能性は十分にあります。その際に、歯科治療のさらなる充実（例えば、歯周病と全身疾患の関連に基づく医療の提供）や事業拡大という意味からも医科歯科連携を考える時期に来ているといえるでしょう。

　医科歯科連携の具体策としては、後述の医科歯科併設診療所（医師を雇用した歯科クリニックに医科を併設する方法）と、美容関係も含めて自由診療という前提を中心に（当該クリニックが保険診療をしていれば保険診療も含め）弊協会のパートナーの医科クリニック等との提携という方法が考えら

れます。医科クリニックとの提携は、わかりやすく言えば、資本を出さずに医科クリニックの分院を持つようなイメージと考えれば敷居が低くなるでしょう。

　医科クリニックと提携することにより、歯科クリニックが、美容医療を含む一般医療はもちろんのこと、幹細胞移植治療やLDLアフェレシス療法など、全身疾患の治療や予防の窓口になることができるだけではなく、事業拡大のチャンスとしても生かすことができます。

　ただし、医科歯科提携の際には、療担規則にあるように紹介ビジネスは禁止されていますので、ここに抵触しないようにスキームを組むことが重要です。

　以上、美容歯科医療の総論と各論を簡単に解説しました。職域拡大は、歯科クリニックの置かれた現状を打破するためには必要不可欠なものではありますが、歯科医療が必ず根底にあることと、医科との適切な連携が重要であることを最後に申し上げておきたいと思います。

【参　照】
①　医道審議会（医師分科会医師国家試験出題基準改定部会）HP
②　医道審議会（歯科医師分科会歯科医師国家試験出題基準改定部会）HP
③　Perceived age as clinically useful biomarker of ageing：cohort study BMJ 2009；339：b5262
④　厚生労働省　令和2年度診療報酬改定について HP
⑤　Quantifying Labial Strength and Function in Facial Paralysis：Effect of Targeted Lip Injection Augmentation
　　JAMA Facial Plast Surg Jul-Aug 2015；17（4）：274-8.
⑥　一般社団法人日本美容外科学会 HP
⑦　Botulinum toxin：new treatment for temporomandibular disorders Br J Oral Maxillofac Surg. 2000；Oct；38（5）：466-71.
⑧　口顎ジストニアの治療（日本大学松戸歯学部附属病院顎関節咬合科／神経

歯科）

日本顎関節学会雑誌 2014；26（2）：85-92

⑨　PMDA（独立行政法人医薬品医療機器総合機構）HP 添付文書等検索

⑩　下顎第一大臼歯における機能時の咬合力に関する研究（東京医科歯科大学歯学部歯科補綴学第 2 講座）

口腔病学会雑誌 1994；61（2）：250-274

⑪　Novel application of stem cell-derived factors for periodontal regeneration Biochemical and Biophysical Research Communications 2013；430：763-768

⑫　昭和 35 年 1 月 27 日最高裁大法廷判決

平成 29 年 5 月 26 日消費者庁ニュースリリース：法的な資格制度がない医業類似行為の手技による施術は慎重に

⑬　咀嚼筋の徒手的マッサージによる開口度改善（朝日大学歯学部口腔病態医療学講座歯科放射線学分野）

岐阜歯科学会雑誌 2009；36（1）：21-25

⑭　薬食発 0325 第 37 号平成 27 年 3 月 25 日厚生労働省医薬食品局長通知

薬用歯みがき類製造販売承認基準について

⑮　医薬審発第 0206001 号・医薬監麻発第 0206001 号平成 14 年 2 月 6 日

厚生労働省医薬局審査管理課長、厚生労働省医薬局監視指導・麻薬対策課長通知

過酸化物を用いた歯面漂白剤の取扱いについて

※　本稿においては、患者さん、患者様といった敬称は略しています。

※　セミナーやエビデンスの紹介は下記の QR コードからアクセスいただけます。

┌─ 分担執筆者プロフィール ─

清水洋利 （しみず・ひろとし）

一般社団法人日本美容歯科医療協会理事長
【略歴】
　昭和42年静岡県生まれ。徳島大学歯学部卒業。徳島大学
大学院歯学研究科博士課程修了。博士（歯学）。岡山大学歯
学部附属病院第一保存科外来医長を経て退職後、歯科クリ
ニック勤務。歯科診療を行う傍ら、一般社団法人日本美容歯
科医療協会を設立。
　口腔機能と栄養摂取（口腔内科）、美容医療の手技を応用
した口腔機能の維持回復治療といった、次世代の統合的な歯
科治療に関するエビデンス・テクニック・コンプライアンス
等について、全国の歯科医師をはじめとする歯科医療関係者
に伝えている。

Ⅱ マウスピース矯正治療法

　歯並びの悪さを改善することで QOL（生活の質）の向上や審美性の回復に寄与する矯正歯科臨床において従来のブラケットとワイヤーを用いるマルチブラケット矯正治療法に変わり、透明に近いマウスピース型矯正装置による治療法に対する認知が歯科業界のみならず一般社会においても広がりを見せています。これまで他の諸外国に比べ日本においては矯正治療受診率が低い傾向にありましたが、マウスピース型矯正装置の普及に伴って近年その増大が観られています。

　この背景には、これまで歯科矯正臨床で一般的に用いられてきたマルチブラケット装置、いわゆるワイヤー装置に対する審美的な不安感から、歯並びの悪さを自覚していたにもかかわらず矯正治療を敬遠していた多くの「潜在矯正患者」と呼ばれる人々が、マウスピース型矯正装置の登場によって積極的に矯正治療を希望するようになったことや、患者からの要望で多くの歯科医院がマウスピース型矯正治療法を導入したことがあると思われます。加えて、患者数の増加によって得られた膨大なデジタル臨床データの蓄積とそのフィードバックにより治療精度が飛躍的に向上したこともその一端にあるでしょう。

　患者や術者である歯科医院からの需要の増大によって、現在多くのマウスピース型矯正治療装置が各社からリリースされていることも考え合わせると、今後マウスピース型矯正治療法はさらに普及し、従来のマルチブラケット矯正装置に代わり主流になることは容易に想像できます。

　マウスピース型矯正装置の特徴として以下の点があげられます。

① 透明に近いマウスピース型矯正装置を毎日決められた時間と日数装着し、少しずつ歯列の形態が変化したマウスピースへと順次交換することで段階的に歯を並べていく矯正治療法。
② 歯列全体を覆う透明に近いマウスピース型矯正装置であるため、審美性に優れ、装着による違和感もほとんどない。
③ 患者自身で装置の着脱ができる可撤式矯正装置であることから、従来のワイヤーによる矯正治療法では必要であった食事制限や煩雑な歯面清掃を行う必要がない。
④ すべて患者の歯列に合わせたオーダーメイド矯正装置である。

　本書では、多くのマウスピース型矯正装置の中で世界的に普及率が高いインビザラインシステム®とインビザライン go®システム（以下、「インビザライン」および「インビザライン go」という）を紹介します。

インビザラインおよびインビザライン go

　インビザラインおよびインビザライン go は、ともにアラインテクノロジー社（アメリカ合衆国カリフォルニア）が提供するマウスピース型矯正治療装置です。インビザラインは主に矯正臨床を専門とする歯科医向けの装置であり、難易度の高い症例にも適応します。一方、インビザライン go は比較的難易度の低い症例に対応する一般歯科医向けの装置です。どちらも患者歯列のデジタルデータを元に歯科医師が治療計画を作成し、それに従って作成されたアライナーと呼ばれる少しずつ歯の位置を変えた複数の可撤式マウスピース型矯正装置を1〜2週間で順次交換していくことで段階的に歯を移動させ歯列不正を改善します。

〔1〕特　徴

① 可撤式透明マウスピース型矯正装置（ 図4−1 ）

　透明に近いマウスピース型矯正装置であることから、従来のワイヤーを用いたマルチブラケット装置に比べ審美性、衛生面、痛みや不快感の低減などに優れている反面、可撤式であるがゆえに患者のモチベーション、コンプライアンスに治療の可否が影響されます。

図4−1　透明に近いマウスピース型矯正装置

② シリコン精密印象もしくは光学口腔内スキャナーによる歯および歯列のデジタルデータ化

　歯科医師が採得するシリコン精密印象か口腔内スキャナー印象によって患者の歯および歯列の状態をデジタルデータ化し、それをもとに治療計画を作成します。デジタルデータを元にするため、これまで以上に簡便で細密な治療計画を作成することができます。
　また、インビザライン go にはそのデジタルデータや患者の顔貌写真、口腔内写真から、その症例がインビザライン

go で適用できる症例なのかを確認する症例評価（ケースア
セスメント）機能があります。この機能によって矯正臨床の
経験が浅い一般歯科医でも安心して矯正治療を進めることが
できます。

③ クリンチェック治療計画（ 図4-2 ）

　患者の歯の動きをコンピュータ上で3次元的に再現するク
リンチェックソフトウェアを用いることで、治療計画をより
視覚的に細密に作成することができます。さらに治療過程で
歯が移動する様子や最終的な歯列の状態を治療前に確認する
ことができるため患者が安心して治療に臨むことができま
す。また、治療途中においてもこのクリンチェックで随時歯
の移動が計画的に行われているかを確認することができるた
め歯科医師にとっても安心して治療を進めることができま
す。インビザライン go におけるクリンチェック治療計画の
作成は、インビザラインのそれと比べより簡便に行えるよう
になっています。

図4-2　クリンチェック治療計画

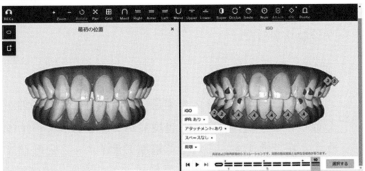

④ 光造形技術を用いたアライナーの製造

　クリンチェック治療計画に基づいたデジタルデータと、光造形技術を用いることで短時間に大量のアライナーを作成することができるようになりました。

⑤ スマートフォース®機能、スマートステージ®機能

　クリンチェック治療計画には、これまでに蓄積された830万症例のインビザライン臨床データを元に AI（人工知能）が演算した、歯の移動にとって最適な力、動かす方向や移動手順などが組み込まれています。これらによってより効率的で予測実現性の高い歯の移動を実現しています。これらの機能をスマートフォース機能やスマートステージ機能と呼びます。

⑥ スマートトラック™

　アラインテクノロジー社が独自に開発したスマートトラックと呼ばれるアライナーの素材は、従来一般的に用いられてきたマウスピース型矯正装置の素材と比較してより歯牙への追従性が増し、歯の移動に適した弱い持続的な力がかかるようになりました。

⑦ 追加アライナー

　患者コンプライアンスや歯自体の問題等で歯の移動がうまく行われていない場合に、再度症例提出を行って再治療を行うことができます。これを「追加アライナー」と呼びます。この追加アライナーは、インビザラインでは治療開始から5年間は無料で何回も行うことができ、インビザライン go ではその期間が2年間で初めの2回までは無料、それ以降は有

料となります。先に述べたようにマウスピース矯正治療法に
おいては可撤式装置であるがゆえの患者コンプライアンスの
問題がありますが、この追加アライナーがあることでそのリ
スクを少しでも軽減することができます。

〔2〕 インビザラインとインビザライン go の違い

① 症例評価（ケースアセスメント）機能

　先にも述べましたが、この機能はインビザライン go だけ
に適応されるものです。スマートフォンに専用のアプリを
インストールし患者の顔面および口腔内写真を撮影してデー
タを送信するか、後述の光学口腔内スキャナーで口腔内ス
キャニングデータを送信することでインビザライン go に適
した症例かどうかを判断する機能です。この機能により比較
的矯正治療経験が浅い一般歯科医でも症例選択に迷うことが
少なくなります。

② プロトコル

　インビザライン go では、歯の移動に対する予測実現性を
向上させる目的と、より治療リスクを低減する目的で、AI
によって自動的に適用されるシステム上の制限があります。
これを「プロトコル」と呼び、移動を行える歯の種類とその
移動量に制限が設けられています。この制限によってインビ
ザライン go では適応できる症例が限られることになります
が、逆に適用できる症例であれば一般歯科においても満足度
の高いより安全な歯科矯正治療を提供することができること
になります。一方で、インビザラインにはこの制限がないた
め、より広範囲に難易度の高い症例にまで適応することがで

きます。

③ アライナー数

　インビザラインではアライナーの数（ステージ数）に制限はありませんが、インビザライン go ではその数は最大で 20 ステージまでとなっています。これによりインビザライン go では、歯の移動量が制限されることになります。

④ 移動できる歯種の制限

　インビザライン go は種々の不正咬合の中でも比較的容易に治療を完結することができる症例を対象としており、それを前提に上下顎ともに第 2 小臼歯から反対側の第 2 小臼歯間のみの歯牙移動に限定されています。それに対し、インビザラインにはその制限がありません。

⑤ 「In-face」機能

　これも現在のところインビザライン go のみの機能です。症例評価機能で用いる専用アプリで患者の口腔内および顔面の正面スマイル写真を撮ることで、AI によって導き出された実際の患者の治療後の歯列をスマイル写真と合成し、術前術後のスマイルのイメージを簡易的に比較することのできる機能です。この機能を用いることで患者に術後のスマイルイメージを与えることができ、治療に対するモチベーションを上げる効果が期待できます。

⑥ 治療費の設定について

　インビザラインとインビザライン go では患者に対する費用設定にも違いがあります。インビザラインは従来の矯正治療と同等の費用設定がなされていますが、その一方でインビ

ザライン go ではその半額程度の費用設定が一般的です。より高度な治療を要求される症例と、そうではない症例との間で治療費に違いがあることは当然だと思いますが、これまではその区分が曖昧になっていました。今後はそれがある程度区分されるようになるでしょう。

以上がインビザラインとインビザライン go の違いですが、これらの治療法を導入するにあたってもう一つ付け加えておきたいことがあります。

それは光学口腔内スキャナー（以下、「口腔内スキャナー」という）「iTero エレメント」についてです。近年では歯の補綴物やインプラントの領域において口腔内スキャナーが多く用いられ、一般歯科領域におけるデジタル化が進んできました。この流れはマウスピース矯正治療においても同様です。

インビザライン、インビザライン go の症例提出にあたり、患者歯列の口腔内印象採得方法が従来の印象トレーとシリコン印象材を用いた印象採得法から口腔内スキャナーによるデジタル印象採得法へと移行しつつあります。

現在各社から複数の口腔内スキャナーが販売されていますが、インビザライン、インビザライン go で口腔内スキャナーを用いる場合はアラインテクノロジー社が販売する「iTero エレメント光学スキャナー」（図4−3）を導入する必要があります。

この iTero エレメントには、インビザラインやインビザライン go に用いる「矯正モード」のほか、クラウン、インレー等の補綴物を作成するためのより精度の高いスキャニングが行える「補綴モード」があります。さらに最新型の iTero エレメント 5D にはカリエス（虫歯）を検知するモードもあり、マウスピース矯正治療だけではなく広く一般臨床に応用することが可能です。

加えて「矯正モード」には先に説明したインビザライン go に

おける症例評価（ケースアセスメント）機能のほかに、スキャン後に AI によって作成されたおおまかな治療のゴールを視覚的に把握することのできるアウトカム・シミュレーター機能、継時的な歯の移動状況や歯肉の退縮状況を把握することのできるタイム・ラプス機能、矯正治療途中や治療の最終段階で歯の移動が計画通りに行われているかの確認ができるプログレス・アセスメント機能などがあります。

図 4-3　口腔内光学スキャナー「iTero エレメント」

販　売　名：iTero エレメント
承認番号：22900BZX00222000
販　売　名：クリンチェック・ソフトウエア
承認番号：23000BZX00197000

　最後になりますが、インビザラインおよびインビザライン go などのマウスピース型矯正装置による治療法は今後ますます成熟し、歯科における包括的歯科医療の一翼として重要な位置を占めることは容易に想像できます。そのためマウスピース矯正治療を早期に導入することは歯科医院にとって非常に有意義であると考えます。

分担執筆者プロフィール

日本矯正歯科学会認定医

インビザライン・ジャパン社　公認ファカルティ

松岡伸也（まつおか・しんや）

Ⅲ 医科歯科併設診療所

〔1〕1994 年から医科歯科併設診療所を開設している山下診療所

　第 1 章「Ⅵ 医科歯科併設の診療所」で掲載したように、医科歯科併設診療所の数がまだ全国的に少ないうえに、美容歯科以外での医科歯科併設診療所となるとさらに数が限られてきます。

　医科歯科併設診療所について聞いたことはあるが詳しいことは知らないという方も多いと思うので、1994 年から医科歯科併設診療所を開設している医療法人社団法山会 山下診療所（以下、「山下診療所」という）を紹介します。約 26 年前から医科歯科併設診療所を開設しているところはほとんどなく、山下診療所も当時は保健所から前例がないと言われたそうです。

医療法人社団法山会 山下診療所 理事長　山下巌先生

　山下診療所の沿革は下記のとおりです。（山下診療所ウェブサイトより抜粋）

1964 年	自由が丘にて山下歯科開業
1975 年	大塚に山下歯科大塚診療所開設
1987 年	医療法人社団法山会設立
1994 年	内科・耳鼻咽喉科を標榜。山下診療所自由が丘・山下診療所大塚と改称

　現在は山下診療所自由が丘と山下診療所大塚の 2 院を開設しており、2 院とも医科歯科併設診療所です。

　以下、現理事長である山下巖先生（以下、「山下先生」という）に 2020 年 7 月に取材させていただいた内容をもとに、医科歯科併設診療所の実態を紹介します。

　なお、新型コロナウイルスへの感染防止が強く求められている時期にもかかわらず、取材に応じてくださいましたことに、この場を借りて心より感謝申し上げます。

〔2〕 医科歯科併設診療所にするきっかけ

　診療所を医科歯科併設にするきっかけですが、美容歯科の場合は医師法に抵触することなく施術をしたい、または逆に歯科医師法に抵触することなく施術をしたいと目的がはっきりしていますが、美容歯科以外では親が医科の病医院を開設しているが子が歯科医師なので歯科を併設するというパターンが多いです。したがって、病院が歯科を併設することもあります。

　このようなパターンは、特に目指すべき歯科医療があって医科歯科併設にするというより、子が仕事のできる場を作るという目的からスタートし、徐々に目指すべき歯科医療の方向性が定まっ

てくることが多いようです。

　しかし、親が歯科医院を開設しているが、子が医師なので医科を併設するパターンもたまにあります。山下診療所はまさにこのパターンで、母親が歯科医師で歯科医院を開業しており、父親は大学で口腔外科の助教授をしていたそうです。そのため山下先生は歯科医療あるいは口腔外科医療を限られた歯科だけでやるのではなく、医療の一環として行うべきという理念があり、医科と歯科の架け橋のような活動ができればと思い医科歯科併設診療所にしたそうです。そして、まずは歯科に通っている患者の健康相談から始め、徐々に内科診療の幅を広げていったそうです。

〔3〕 医科歯科併設診療所のメリット・デメリット

　山下先生に医科歯科併設診療所のメリット・デメリットを聞いたところ、最近の歯科は全身疾患を持った患者が増加しているので、全身疾患のリスク評価を内科的視点ででき、バックグラウンドである全身疾患を診られるということは歯科にとって大きなメリットだとおっしゃっていました。

　特にインプラントやサイナスリフト等、歯科医院で行う侵襲が増えており、その患者のバックグラウンドである全身疾患を診ることは大事なことだといわれていました。つまり、医科歯科併設診療所は、緊急処置が必要になった時の安心感もありますが、それよりも日常的な患者に対する対応のメリットが大きいとのことです。

　その反面、医師も歯科（特に口腔外科）のことを知っておく必要がありますし、歯科医師も医科のことを知っておく必要があります。

　高齢化して合併症を持っている患者が増えていますし、医療の進歩も著しいので、学部時代に習った情報のアップデートは常に

欠かせず、山下診療所でも定期的な勉強会を行い、例えば製薬会社等が糖尿病や喘息等に関する院内セミナーを行うときも、歯科医師も参加しているそうです。

〔4〕来院患者の割合・患者の評判

　患者の評判について聞いたところ、患者は安心して山下診療所に来院されていると思うと山下先生は話していました。

　例えば、新型コロナウイルスの感染が拡大した時も風邪や発熱の患者が医科を受診するので、たとえ PCR 検査をしていなくても新型コロナウイルスの患者を診ているクリニックというマイナスイメージがあったらしく歯科の患者が減少しましたが、医科の監修のもと徹底した感染防止対策をしていることをアピールしたことで歯科の患者数も増えてきたそうです。

　現在の医科と歯科の来院患者の割合は 6：4 くらいですが、売上ベースでみると 4：6 くらいと歯科のほう多いそうです。これは歯科のほうが自由診療の割合が高いからだと思われます。ドクターの数は歯科医師のほうが多く、歯科医師は常に 2〜5 名いるような状態ですが、医科は基本的に 1〜2 名でやっているそうで

医療法人社団法山会 山下診療所大塚の受付の様子

す。

　イメージとして、医科と歯科が両方あるので患者が来るのかと
思いがちですが、医科と歯科の両方あるから来院するというよ
り、主訴があるから来院する患者がほとんどで、実際には両方通
う患者は多くはないと話していました。山下診療所では医科の患
者の1〜2割くらいが歯科に受診しているそうです。

　もちろん歯科で受診された患者から血圧が高いが薬を全然飲ん
でいないという話を聞いたときは、隣（医科）で受診することを
勧めたり、医科で受診した患者が引越をしたばかりでかかりつけ
の歯科がないという話を聞けば、隣（歯科）で受診することを勧
めることはあるそうですが、診療所が自由が丘と大塚という都心
部にあることから周りに医療機関はたくさんあり、患者も医科に
しろ歯科にしろかかりつけ医が決まっていることが多いそうです。

　山下診療所では今後の連携のこともあるので、かかりつけ医に
対する侵害をしないようにしており、基本的に歯科の患者は歯科
のみ、医科の患者は医科のみでよいと考えているとのことでした。

〔5〕医科歯科併設診療所の労務管理

　医科と歯科では基本的に文化が違うそうです。

　例えば、受付だけみても医科と歯科ではレセコンや電子カルテ
も違いますし、患者の予約の取り方も違うので、効率から言えば
医科と歯科の受付を兼務したほうがよいのはわかっていますが、
医科の受付と歯科の受付を別々に配置しているそうです。

　ほかにも、医科と歯科の文化の違いを認識する時が多いと言っ
ていました。ただ、医科と歯科のスタッフはそれほど世代も変わ
らないので、トラブルらしいトラブルはないそうです。

　医師と歯科医師は患者のことで相接することはありますが、そ
れほど交流が多いわけではないそうですが、山下先生が医科と歯

科の両方にかかわっているので特に今まで問題になったことはないとのことです。

　ただ、やはり医科と歯科の両方を知らないと患者を全体的に診ることはできないので、まだまだ道半ばと感じているそうです。

　山下診療所では事務職員を除き、医師、歯科医師、看護師、歯科衛生士、受付などは医科専属と歯科専属に分かれており、その分、勤務体系は複雑で労務管理が大変だそうです。

　これから医科歯科併設診療所の開設を考えている方は、「医科と歯科の文化が違うこと」、「基本的に医科と歯科の専属スタッフが必要であること」、「医科と歯科で勤務体系が異なるので労務管理が大変であること」を前提に考えたほうが良いかもしれません。

〔6〕 これからの医科歯科併設診療所の展望

　山下診療所への取材を通して、医科の文化と歯科の文化が独立して育まれていることを再認識しました。

　今後、何らかの医科歯科連携が増えていくのか、医科歯科併設診療所が増えていくのかわかりませんが、医科歯科の連携または併設のニーズは確実にあると思われます。

　しかし、ビジネスモデルとして成り立つのはもう少し先になるかもしれません。

　山下先生も医科歯科併設診療所が患者に対してメリットがあることは実感していても、経済的なメリットを感じたことはないと話されていました。特に医科と歯科の来院患者の割合は6：4くらいなのに、売上ベースでみると4：6くらいになるという話は興味深いです。

　2019年実施の第22回医療経済実態調査によると、一般診療所（全体）の入院診療収益なしの医業収入は145,910千円、損益差額は13,216千円で利益率は9.05％（損益差額÷医業収入×100、

以下同じ）になります。

　これに対し、歯科診療所（全体）の医業収入は 68,079 千円、損益差額は 10,734 千円で利益率は 15.76％になります。

　歯科診療所の利益率のほうが一般診療所の利益率より 6.71％も高いことがわかります。医科歯科併設診療所であっても、基本的に歯科の患者は歯科のみ、医科の患者は医科のみになるという話を考慮すると、現時点では歯科医院単独の方が利益が出やすいという結論になってしまいます。

　しかし、医科歯科併設診療所は患者に対してメリットがあることもわかりました。

　このことが患者に浸透していくと患者が医科歯科併設診療所を選んで通院することは十分に考えられるので、しばらくは判断が難しい状況が続くと思われます。

【著者略歴】

●税理士・行政書士　**西岡 秀樹**（にしおか ひでき）

西岡秀樹税理士・行政書士事務所所長、一般社団法人医業経営研
鑽会会長

事務所 URL　https://nishioka-office.jp
研鑽会 URL　https://www.kensankai.org/

昭和 45 年東京都生まれ。大原簿記学校に在籍中に簿財 2 科目に合
格、同校卒業後一度に税法 3 科目に合格して税理士となり、医業経
営コンサルタント会社勤務を経て平成 12 年に独立。
平成 22 年に医業経営研鑽会を設立し、現在まで会長を務めている。
主な著書に『税理士・公認会計士のための医業経営コンサルティン
グの実務ノウハウ』（中央経済社）、『改訂版　医療法人の設立・運
営・承継・解散』『医療法人の設立認可申請ハンドブック』『クリ
ニックの個別指導・監査対応マニュアル』（以上、日本法令）など
がある。

歯科医院の法務・税務と経営戦略

令和3年1月5日　初版発行
令和5年5月30日　初版2刷

検印省略

 日本法令 ®

〒101-0032
東京都千代田区岩本町1丁目2番19号
https://www.horei.co.jp/

編　　　　者　一般社団法人医業経営研鑽会
著　　　　者　西　岡　秀　樹
発　行　者　青　木　健　次
編　集　者　岩　倉　春　光
印　刷　所　日　本　ハ　イ　コ　ム
製　本　所　国　宝　社

（営　業）　TEL　03-6858-6967　　Eメール　syuppan@horei.co.jp
（通　販）　TEL　03-6858-6966　　Eメール　book.order@horei.co.jp
（編　集）　FAX　03-6858-6957　　Eメール　tankoubon@horei.co.jp
（オンラインショップ）　https://www.horei.co.jp/iec/
（お詫びと訂正）　https://www.horei.co.jp/book/owabi.shtml
（書籍の追加情報）　https://www.horei.co.jp/book/osirasebook.shtml

※万一、本書の内容に誤記等が判明した場合には、上記「お詫びと訂正」に最新情報を掲載
　しております。ホームページに掲載されていない内容につきましては、FAXまたはEメー
　ルで編集までお問合せください。